Dia a dia com

BILLY GRAHAM

DEVOCIONAL DIÁRIO

Dia a dia com

BILLY GRAHAM

DEVOCIONAL DIÁRIO

366 meditações diárias

Reunidas e editadas por Joan Winmill Brown

DIA A DIA COM BILLY GRAHAM
Copyright © 1976 (revised 2011) by Billy Graham Evangelistic Association.
Originally published in English under the title Day by Day with Billy Graham,
compiled and edited by Joan Winmill Brown.
All rights reserved.
Tradução e impressão em português com permissão.
Copyright © 2018 Publicações Pão Diário. Todos os direitos reservados.

COORDENAÇÃO EDITORIAL: Dayse Fontoura
TRADUÇÃO: Roberto Alves de Sant'Anna Júnior
REVISÃO: Dayse Fontoura, Lozane Winter, Rita Rosário, Thaís Soler
PROJETO GRÁFICO E CAPA: Audrey Novac Ribeiro
DIAGRAMAÇÃO: Audrey Novac Ribeiro, Rebeka Werner

Dados Internacionais de Catalogação na Publicação (CIP)

BROWN, Joan Winmill
Dia a dia com Billy Graham — 366 meditações diárias
Tradução: Roberto Alves – Curitiba/PR, Publicações Pão Diário.
Título original: Day by day with Billy Graham — 366 daily meditations
1. Teologia prática   2. Religião prática
3. Vida cristã   4. Meditação e devoção

Proibida a reprodução total ou parcial, sem prévia autorização, por escrito, da editora.
Todos os direitos reservados e protegidos pela Lei 9.610, de 19/02/1998.
Permissão para reprodução: permissao@paodiario.org

Exceto quando indicado o contrário, os trechos bíblicos mencionados são da edição
Revista e Atualizada de João F. de Almeida © 2009 Sociedade Bíblica do Brasil.

Publicações Pão Diário
Caixa Postal 9740
82620-981 Curitiba/PR, Brasil
publicacoes@paodiario.org
www.publicacoespaodiario.com.br
Telefone: (41) 3257-4028

Capa couro: RU000 • ISBN: 978-1-68043-350-0
Capa dura: HK592 • ISBN: 978-65-86078-23-7

1.ª edição: 2018 • 7.ª impressão: 2025

Impresso na China

Prefácio

EM TODAS AS SUAS PREGAÇÕES OU LIVROS, Billy Graham trouxe uma mensagem clara e imparcial do evangelho. E inúmeras pessoas têm tido um encontro com Jesus Cristo e o recebido como seu Senhor e Salvador. Além de priorizar a mensagem da redenção, suas palavras também tratam de outros temas que dizem respeito à vida cotidiana — temas como o amor ao próximo, a solidão, a alegria, a depressão, a culpa, e a vida cristã vitoriosa; dentre outros.

Já perdi a conta das vezes que ouvi Billy Graham ao longo dos anos, pois o vi pregar em muitos lugares do mundo quando meu marido era o diretor das Cruzadas que ele realizava. A variedade de ensinamentos que havia em cada um dos seus sermões sempre me impactou profundamente. E foi justamente desses sermões e da maioria do material que o doutor Graham escreveu que reuni as meditações deste livro.

Em cada uma delas, acrescentei um versículo bíblico sobre o assunto abordado, e uma oração para encorajar aqueles que, como eu, desejam conhecer a vontade do Senhor e desenvolver a comunhão íntima e diária com Ele.

Sou imensamente grata ao doutor Graham por me permitir usar este conteúdo. Também agradeço à Ginny Booth, que me ajudou fielmente no trabalho de pesquisa e digitação.

Joan Winmill Brown

BILLY GRAHAM

O maior evangelista de todos os tempos

William (Billy) F. Graham Jr.
(1918–2018)

"Ide por todo o mundo e pregai o evangelho a toda criatura." —MARCOS 16:15

BILLY GRAHAM pregou o evangelho a mais pessoas em plateia ao vivo do que qualquer outro na história — quase 215 milhões de pessoas em mais de 185 países e territórios — por meio de várias reuniões, incluindo Missão Mundial e Missão Global. Centenas de milhões de pessoas foram alcançadas através da tele visão, vídeos, filmes e webcasts.

Nascido a 7 de novembro de 1918, aos 15 anos Billy Graham entregou sua vida a Cristo em uma das reuniões conduzidas pelo o evangelista Mordecai Ham. Ordenado em 1939 pela Igreja Batista Peniel em Palatka, Flórida (uma igreja da Convenção Batista do Sul), Billy Graham recebeu uma base sólida das Escrituras no Instituto Bíblico Flórida (agora *Trinity College of*

Florida). Em 1943, formou-se no Wheaton College, em Illinois, e casou-se com sua colega de classe Ruth McCue Bell, filha de um cirurgião missionário, a qual passara os primeiros 17 anos de sua vida na China.

Depois de se formar na faculdade, Billy Graham pastoreou a Igreja Village de Western Springs (agora Igreja Batista Western Springs) em Illinois, antes de se unir à Mocidade para Cristo, uma organização fundada para ministrar a jovens e militares durante a Segunda Guerra Mundial. Pregou em todo os Estados Unidos e na Europa no pós-guerra, destacando-se como um jovem evangelista.

A Cruzada realizada em Los Angeles, em 1949, trouxe ao evangelista Billy Graham reconhecimento internacional. As reuniões agendadas para três semanas, foram estendidas para mais de oito semanas. A cada noite, multidões lotavam a tenda montada no centro da cidade. Esse fato, repetiu-se em muitas outras cruzadas.

Hoje, Billy Graham e seu ministério são conhecidos em todo o mundo. Ele pregou em aldeias africanas remotas e no coração da cidade de Nova Iorque. Seu público variava desde chefes de Estado até simples colonos da Austrália e tribos nômades da África e do Oriente Médio. A partir de 1977, Billy Graham teve a oportunidade de pregar em praticamente todos os países europeus comunistas e na antiga União Soviética.

Em 2013, Billy Graham teve a visão de proclamar o evangelho nos Estados Unidos e no Canadá, implementando a campanha "Minha Esperança com Billy Graham", um evangelismo popular que combina relacionamentos pessoais com o poder da mídia moderna. Com base nesse alcance pioneiro que já resultou em milhões de decisões para Cristo em todo o mundo desde 2002, igrejas e cristãos nos dois países têm sido encorajados e preparados para orar e alcançar amigos, familiares e vizinhos usando um novo e poderoso filme de BGEA (*Billy Graham Evangelistic Association* ou em português, Associação Evangelística Billy Graham). Aproximando-se dos 95 anos de idade, Billy Graham gravou uma mensagem em vídeo, chamada "A Cruz", disponibilizado para uso em lares e igrejas como ferramenta para compartilhar o evangelho.

O Sr. Graham fundou a Associação Evangelística Billy Graham (BGEA) em 1950, com sede em Minneapolis, EUA. Até se mudar para Charlotte, N.C., em 2003. Através do ministério da BGEA, o Sr. Graham começou:

- O programa de rádio semanal *Hour of Decision* (Hora da decisão), ouvido em todo o mundo por mais de 60 anos
- Programas de televisão que ainda são transmitidos hoje em redes cristãs americanas
- Uma coluna numa rede de jornais, *My Answer* (Minha resposta), que é usada internacionalmente por jornais
- A revista *Decision* (Decisão), publicação oficial da Associação, que tem uma circulação de mais de 425 mil exemplares

Billy Graham escreveu 33 livros, dentre eles *Billy Graham — uma autobiografia* (Ed. United Press, 1998). Este conseguiu uma "tripla coroa", aparecendo simultaneamente nas três melhores listas de best-sellers em uma semana, nos EUA. Nesse livro, Billy Graham reflete sobre sua vida e décadas de ministério em todo o mundo. Desde os primórdios, como filho de fazendeiro produtor de leite na Carolina do Norte, ele compartilha como sua fé inabalável em Cristo formou e moldou sua carreira.

Algumas das obras de Billy Graham, traduzidas para o português, incluem *O Tropel do Apocalipse* (Ed. Record, 1983), *Como nascer de novo* (Ed. Betânia, 1977), *Anjos: agentes secretos de Deus* (Ed. Best Seller, 1995), *Morte e vida além* (Ed. Mundo Cristão, 1987) e *O poder do Espírito Santo* (Ed. Vida Nova, 2009).

Presidentes buscaram o conselho do pastor Billy Graham, e o seu apelo nas arenas seculares e religiosas é evidenciado pelo grande número de grupos que o honraram, incluindo diversos doutores honorários de muitas instituições nos Estados Unidos e no exterior.

Os reconhecimentos incluem o Prêmio *Liberdade* da Fundação Presidencial Ronald Reagan (2000) por contribuições para a causa da liberdade; medalha de ouro do Congresso Americano (1996); o Prêmio da Fundação Templeton pelo progresso na religião (1982); e o Prêmio *Big Brother* por seu trabalho em prol do bem-estar das crianças (1966). Em 1964, recebeu o Prêmio de Orador do Ano e foi citado pelo Instituto George Washington Carver Memorial por suas contribuições às relações raciais. Foi reconhecido pela Liga Anti-Difamação do B'nai B'rith em 1969 e pela Conferência Nacional de Cristãos e Judeus em 1971 por seus esforços para promover uma melhor compreensão entre todas as fés. Em dezembro de 2001, foi presenteado com um título de nobreza como comandante cavaleiro honorário da Ordem do Império Britânico (KBE), por sua contribuição internacional à vida cívica e religiosa por mais de 60 anos.

Billy Graham é regularmente listado pela organização *Gallup* como um dos "Dez homens mais admirados do mundo", descrito como uma figura predominante nessa pesquisa desde 1948. Também já apareceu em diversas revistas e tem sido tema de muitos artigos nos meios de comunicação.

Billy Graham perdeu sua companheira de quase 64 anos de casamento, Ruth Bell Graham, em junho de 2007. Juntos, eles tiveram três filhas, dois filhos, 19 netos e inúmeros bisnetos. Desde então, viveu em sua casa nas montanhas da Carolina do Norte, EUA.

O legado de Billy Graham é eterno. A constante ênfase que deu na mensagem da cruz mostrou a milhares o caminho para o céu. Combateu o bom combate, foi um servo fiel e hoje está nos braços do Pai.

1º de JANEIRO

...esquecendo-me das coisas que para trás ficam e avançando para as que diante de mim estão.
FILIPENSES 3:13

Toda vez que trocamos o calendário no início de cada ano, deparamo-nos com o fato de que nossos dias na Terra estão contados. Como escreveu o salmista: "Ensina-nos a contar os nossos dias, para que alcancemos coração sábio". Toda pessoa sensata ao se aproximar do Ano Novo, geralmente, faz algum tipo de introspecção, pois somos lembrados de que o tempo é curto. E quando olhamos para trás e vemos o quanto erramos, falhamos e as oportunidades que perdemos, firmamos um compromisso de que vamos aproveitar melhor nosso tempo ao longo do novo ano que se inicia. Precisamos ter tempo para sermos gentis e também sorrir, demonstrar amor à nossa família e fazer o bem por meio de pequenos gestos — coisas que nem sempre fazemos — talvez por isso os psiquiatras afirmam que a maioria das pessoas estão famintas por amor. Logo, tire um tempinho para um beijo ao sair; precisamos ir para o trabalho com a alma mais leve. Separemos um tempo para estar com nossa família. Nós não somos máquinas; não somos robôs. O segredo para um lar feliz está no fato de os membros da família aprenderem a dar e a receber amor. Então, separemos tempo para demonstrar nosso amor; há mil maneiras de fazer isso.

Oração do dia
Senhor Jesus, ao começar este novo ano, minha oração é para que ao percorrer os dias que virão tu me enchas do Teu amor pelas pessoas, um amor que não mede custos.

2 de JANEIRO

*Ó Deus, tu és o meu Deus forte; eu te busco
ansiosamente; a minha alma tem sede de ti.*
SALMO 63:1

Alguns cristãos aprenderam muito pouco sobre o que é ter uma vida devocional diária. Algum tempo atrás, um policial me perguntou qual era o segredo para ter uma vida vitoriosa. Eu lhe disse que não há fórmula mágica que possa articular isso. Mas se houvesse uma palavra que pudesse descrever a vida vitoriosa, eu diria que é *submissão*. A segunda palavra que eu usaria é *devoção*. Nada pode substituir a vida devocional diária com Cristo. O tempo que passa a sós em oração e se dedica à Palavra é imprescindível para uma vida cristã feliz. Você jamais poderá ser um cristão feliz, dinâmico e cheio de poder sem caminhar com o Senhor todos os dias. Hoje, Jesus chama a todos os cristãos para se purificar, dedicar-se, consagrar-se e se entregar totalmente a Ele. E isso é justamente o que fará a diferença entre o sucesso e o fracasso da sua vida espiritual. Isso fará a diferença entre receber ajuda ou ajudar alguém. Fará a diferença em seus hábitos, em sua vida de oração, em sua leitura bíblica, em sua oferta e na sua igreja local. Esta é a hora para uma decisão cristã!

Oração do dia
*Deus vivo, anseio por uma vida devocional mais
profunda contigo! Que eu possa me consagrar
totalmente a ti.*

3 de JANEIRO

*Como o Pai me amou, também eu vos amei;
permanecei no meu amor.* JOÃO 15:9

O grande teólogo suíço, doutor Karl Barth, talvez tenha sido o maior teólogo do mundo em sua geração, assim como um notável filósofo. Nem sempre concordei com Barth, mas ele foi um grande amigo e eu o respeitava. Certa vez, quando ele estava nos Estados Unidos, durante uma aula no seminário um aluno lhe perguntou: "Dr. Barth, qual é a maior verdade que sempre vem a sua mente?". Todos os seminaristas se inclinaram em suas carteiras para ouvir uma extraordinária, profunda, sábia e complicada resposta. O doutor Barth levantou lentamente a cabeça repleta de cabelos grisalhos, olhou para o seminarista e disse: "Cristo tem amor por mim, pois a Bíblia assim o diz."

Oração do dia
*Senhor Jesus, que eu possa guardar em todo tempo
o conhecimento sobre o Teu amor em verdadeira
simplicidade, e assim, sem impedimentos, aprenda
muito mais. Obrigado por me amares.*

4 de JANEIRO

O Senhor é a minha luz e a minha salvação; de quem terei medo? SALMO 27:1

Muitos hoje vivem como escravos do medo. Em um estudo recente, um psiquiatra constatou que o maior problema enfrentado por seus pacientes é o medo. Medo de ficar louco, de se matar, de ficar sozinho; medo de ter um enfarto, um câncer, um acidente ou medo de morrer. Estamos nos tornando uma nação de pessoas dominadas pelo medo. Ao longo dos séculos, em tempos de dificuldade, provação, conflito, adversidade e crise, Deus sempre fortaleceu o coração daqueles que o amam. A Bíblia está repleta de relatos em que Deus veio em socorro do homem trazendo-lhe conforto nos momentos em que as lutas geravam medo em seu coração. Hoje os cristãos podem recorrer à Bíblia Sagrada e ter a plena convicção de que Deus livra todo aquele que nele põe sua fé e confiança. Ao invés de ficarem com medo, tristes ou desanimados, eles podem olhar para o futuro com alegria e esperança, crendo que Deus cumprirá Suas promessas.

Oração do dia

A segurança que Teu amor me traz tira todo o medo do meu coração, Senhor.

5 de JANEIRO

O amor jamais acaba.
1 CORÍNTIOS 13:8

A primeira coisa a fazer, e algo essencial para ter um lar cristão feliz, é colocar o amor em prática. Lares edificados com paixões carnais, desejo e luxúria estão fadados a sucumbir e cair. O amor é o poderoso elo que mantém as famílias unidas. E o verdadeiro amor traz em si um elemento do mistério espiritual. Fazem parte dele a lealdade, a reverência e o entendimento. O amor impõe grande responsabilidade a todos os membros da família, mas ela vem acompanhada de recompensas gloriosas. "Amai", diz a Bíblia, "…como também Cristo amou a igreja e a si mesmo se entregou por ela" (EFÉSIOS 5:25). Mas como Cristo amou a Igreja? Ele a amou apesar das suas falhas, erros e fraquezas. O verdadeiro amor não acaba. Ele ama apesar dos defeitos de personalidade, imperfeições físicas e opiniões contrárias. O amor é profundo, constante e eterno. Nada pode trazer a experiência de segurança no lar como o verdadeiro amor.

Oração do dia
Senhor Jesus, ajuda-me a dar ouvidos, a amar e a cuidar dos meus amados com o coração sensibilizado por ti.

6 de JANEIRO

*Vigiai, pois, porque não sabeis
quando virá o dono da casa [...] para que,
vindo ele inesperadamente,
não vos ache dormindo.* MARCOS 13:35,36

O grande Dwight L. Moody costumava dizer: "Toda vez que prego um sermão, lembro-me de que o Senhor pode voltar antes que eu pregue novamente." O brilhante clérigo britânico, o doutor G. Campbell Morgan, disse certa vez: "Sempre que começo a trabalhar de manhã, eu me lembro de que o Senhor pode interromper meu trabalho para começar o dele. Não estou à procura da morte. Mas sim, à procura do Senhor." É assim que um cristão deve viver, esperando a volta de Jesus Cristo sempre. Imagine a diferença que isso faria nesta Terra se vivêssemos todos os dias como se fosse o último antes do Juízo Final! Mas não gostamos de pensar nisso. Não gostamos de pensar que os planos que elaboramos nos mínimos detalhes e que os projetos que desejamos realizar em longo prazo podem ser interrompidos pela trombeta de Deus. Por isso, muitas pessoas preferem dizer: "Está bem, mas o fim do mundo ainda não chegou. Por que pensar nisso então? Isso só vai acontecer daqui a milhares de anos."

Oração do dia
Hoje pode ser o dia da volta de Jesus. Purifica-me, Pai.

7 de JANEIRO

O Senhor é o meu refúgio.
SALMO 91:9

Os psiquiatras da contemporaneidade dizem que uma das necessidades básicas do homem é a segurança. Contudo, o Salmo 91 diz que nossa maior segurança está em Deus: "Nenhum mal te sucederá, praga nenhuma chegará à tua tenda. Porque aos seus anjos dará ordens a teu respeito, para que te guardem em todos os teus caminhos." Se lermos e relermos este lindo salmo, veremos que em Deus temos abrigo e proteção, e que todo conforto, segurança e afeto que o coração do homem anseia, somente Ele pode dar. É bem provável que jamais veremos um anjo aparecer na nossa frente, mas a promessa que Deus fez de nos dar segurança é certa e verdadeira. Aqueles que vivem em comunhão com o Senhor possuem a verdadeira segurança e proteção.

Oração do dia
Aonde quer que eu vá hoje, tu e Teus anjos estarão comigo. Obrigado, Senhor, pela paz, o amor e a proteção que tu me prometes.

8 de JANEIRO

*Por isso, vos digo que tudo quanto em oração
pedirdes, crede que recebestes.* MARCOS 11:24

Devemos orar em tempos de adversidades para não perdermos a fé e a confiança. Devemos orar em tempos de prosperidade para não nos tornarmos soberbos e orgulhosos. Devemos orar em tempos de perigo para que o medo e a dúvida não se apoderem de nós. Devemos orar em tempos de segurança para não nos sentirmos autossuficientes. Pecadores, orem ao Deus de misericórdia e peçam-lhe perdão. Cristãos, orem para que o Pai derrame Seu Espírito sobre este mundo vil, rebelde e intolerante. Pais, orem ao Senhor para que Ele encha seu lar de graça e misericórdia. Filhos, orem pela salvação de seus pais. Cristãos, povo santo de Deus, orem para que o orvalho celestial seja derramado sobre esta Terra seca, infértil, e para que ela seja coberta pela Sua justiça assim como as águas cobrem o mar.

Oração do dia
Senhor, permita-me derramar tudo sobre ti. Obrigado pelo entendimento de que tu sempre me ouves.

9 de JANEIRO

O que despreza a palavra a ela se apenhora,
mas o que teme o mandamento será galardoado.
PROVÉRBIOS 13:13

Já que somos cristãos, o Espírito Santo habita em nós. Mas é nossa a responsabilidade de manter o pecado longe de nós para que o Espírito Santo possa gerar o Seu fruto em nossa vida. Fundamentarmo-nos na Bíblia. Nós cristãos só temos uma fonte de autoridade, uma bússola: a Palavra de Deus. Abraham Lincoln disse numa carta a um amigo: "Estou ultimamente ocupado em ler a Bíblia. Tire o que puder deste livro pelo raciocínio e equilibre isso na fé, assim você viverá e morrerá um homem melhor." Comece o dia com este Livro, e quando o dia chegar ao fim, deixe que a Palavra transmita à sua alma a sabedoria que nela há. Permita que ela seja o firme fundamento sobre o qual a sua esperança é edificada. Permita que ela seja o pão da Vida que alimenta seu espírito. Permita que ela seja a espada do Espírito que extirpa o pecado da sua vida e o molda à Sua imagem e semelhança.

Oração do dia
Deus Todo-Poderoso, louvo o Teu santo nome porque
Tua Palavra alimenta todo o meu ser.

10 de JANEIRO

...de eternidade a eternidade, tu és Deus.
SALMO 90:2

Você já parou para pensar na decadência das épocas? Desde os dias de Jesus Cristo até cerca de 1830, o mais rápido que o ser humano conseguia viajar era na velocidade de um cavalo. Em 1960, o homem foi ao espaço e viajou a uma velocidade de 28 mil quilômetros por hora. Às vezes leio o jornal e vejo que apesar de vivermos na Era Espacial, as ferramentas morais e espirituais que usamos ainda são obsoletas. A tecnologia não possui moral alguma; e sem preceitos morais, o homem acabará destruindo a natureza, aniquilando a si mesmo com seu poderio militar e também de outras formas. Somente Deus pode dar a alguém preceitos morais e poder espiritual. E já que o mundo está sucumbindo e seguindo rumo à destruição, precisamos entender que Deus é o único que jamais mudará. Ele é o mesmo hoje, como era há 10 milhões de anos e também será daqui a 10 milhões de anos. Somos como gafanhotos: surgimos de repente, por algum tempo passamos por esta Terra e no fim acabamos desaparecendo.

Oração do dia
Deus Todo-Poderoso, apesar de viver num mundo assustador e que muda o tempo todo, eu tenho paz por saber que tu és imutável.

11 de JANEIRO

Porque para mim tenho por certo que os sofrimentos do tempo presente não podem ser comparados com a glória a ser revelada em nós. ROMANOS 8:18

A Bíblia não diz em lugar algum que os cristãos estariam imunes às adversidades e catástrofes naturais que acontecem neste mundo. Ela ensina que o cristão pode enfrentar tribulações, crises, tragédias e sofrimento pessoal com o poder sobrenatural que está disponível àqueles que estão em Cristo. Os primeiros cristãos experimentavam alegria em seus corações mesmo em meio às adversidades, lutas e depressão. Para eles, sofrer por Cristo não era um fardo ou infortúnio, mas uma grande honra; a prova de que o Senhor os considerava dignos de testemunharem dele por meio do sofrimento. Eles jamais esqueceram o que o próprio Cristo sofreu para lhes dar a salvação. Então, para eles sofrer pelo nome do Senhor era uma dádiva, não uma cruz. Os cristãos se alegram na tribulação porque podem contemplar as riquezas que esperam por eles na eternidade. Quando se sentem aflitos, eles conseguem olhar além das dificuldades do presente e contemplar a glória que lhes está reservada no Céu. O simples fato de pensar nos privilégios e na alegria que haverá na vida futura torna as lutas do presente leves e passageiras.

Oração do dia
Pai, ajuda-me a superar as lutas e aflições de agora e contemplar a herança que nos está preparada no Céu.

12 de JANEIRO

De boa vontade, pois, mais me gloriarei nas
fraquezas, para que sobre mim repouse
o poder de Cristo. 2 CORÍNTIOS 12:9

Deus está especialmente próximo a nós quando nos encontramos no leito da enfermidade. O Senhor nos afofará a cama e nos trará refrigério por meio de Sua presença e cuidado amoroso. Ele faz da cama um lugar confortável e enxuga nossas lágrimas. Nessas horas, o Senhor ministra sobre nós com carinho especial e revela o Seu grande amor por nós. Diga-me por que o jardineiro poda e apara os ramos de sua roseira, por vezes até cortando alguns que são produtivos, e eu lhe direi por que Deus permite Seu povo ser afligido. As mãos do Senhor são sempre firmes. Ele jamais comete erros. Tudo o que Ele faz é para o nosso bem, e acaba sendo benéfico para nós. Em várias ocasiões, Deus tem que deformar e mutilar a nossa própria imagem. A deformidade, às vezes, precede a conformidade.

Oração do dia

Ajuda-me, Senhor amado, em dias de tribulação a glorificar o Teu nome por amor a ti.

13 de JANEIRO

E eu, Senhor, que espero?
Tu és a minha esperança.
SALMO 39:7

As ondas bravias do mar batiam com ímpeto nas rochas. Relâmpagos iluminavam o céu, trovões estrondeavam, o vento soprava impetuosamente, mas um pequeno pássaro dormia numa fenda da rocha com sua cabeça serenamente acomodada sob a asa, um sono tranquilo. Isso é paz — conseguir dormir em meio à tempestade. Em Cristo podemos descansar e ter paz em meio as turbulências, confusões e perplexidades da vida. As tempestades podem se levantar, mas nosso coração descansa. Encontramos a paz... finalmente!

Oração do dia
Obrigado, Senhor amado, pela esperança que tenho em Teu amor eterno que envolve a minha vida.

14 de JANEIRO

*Eu sou o bom pastor; conheço as minhas ovelhas,
e elas me conhecem a mim.*
JOÃO 10:14

Se não tivermos uma experiência pessoal com Deus na qual Ele se revele a nós, jamais o conheceremos de fato. A maioria de nós sabe *sobre* Deus, porém isso é muito diferente de se conhecer a Deus. Aprendemos sobre Deus por meio dos trabalhos na igreja: Escola Bíblica, atividades para jovens, cultos de adoração. No entanto, muitos param por aí na sua busca por Deus. Uma coisa é ser apresentado a alguém, outra coisa é conhecê-lo intimamente.

Oração do dia

Senhor, tu és realmente o Bom Pastor, Aquele que me guia todos os dias. Ajuda-me a te amar e conhecer mais intimamente para que outros sejam atraídos ao Teu rebanho.

15 de JANEIRO

Desde os confins da Terra clamo por ti, no abatimento do meu coração. Leva-me para a rocha que é alta demais para mim. SALMO 61:2

O fato de sermos cristãos não significa, necessariamente, que estaremos sempre no alto dos "montes". O salmista Davi, assim como o apóstolo Paulo, experimentaram muitos momentos de vales. Mas a despeito das circunstâncias, a alegria, a paz e a graça de Deus nunca lhes faltaram. Ainda derramaremos lágrimas, sentiremos as pressões e as tentações, porém há uma nova dimensão, uma nova direção, um novo poder para enfrentarmos as circunstâncias adversas da vida.

Oração do dia

Senhor, Davi e Paulo nos deixaram o exemplo do que significa confiar em ti, mesmo nos vales lancinantes da vida. Assim como eles, eu te louvo.

16 de JANEIRO

*Todavia, eu me alegro no SENHOR, exulto no
Deus da minha salvação.* HABACUQUE 3:18

Os cristãos deveriam ser pessoas felizes. Nossa geração conhece muito bem o vocabulário cristão, mas não consegue pôr em prática os verdadeiros princípios e ensinamentos de Cristo. Por esta razão, o que precisamos hoje não é de mais cristianismo, e sim de mais cristãos genuínos. O mundo pode até argumentar contra o cristianismo institucional, mas não existe um só argumento que seja convincente contra aquele que, por meio do Espírito de Deus, torna-se semelhante a Cristo. Tal pessoa é uma repressão viva ao egoísmo, ao racionalismo e ao materialismo na contemporaneidade. Jesus disse à mulher no poço de Jacó: "Aquele, porém, que beber da água que eu lhe der nunca mais terá sede" (JOÃO 4:14). Essa mulher desiludida e afetada pelo pecado é a representação de toda a raça humana. Seus anseios eram os mesmos que os nossos! O clamor do seu coração é o mesmo que o nosso! Suas decepções são as mesmas que as nossas! Seu pecado é o mesmo que o nosso! Contudo o seu Salvador pode ser o nosso Salvador também! O perdão que recebera pode ser nosso! Sua alegria também pode ser nossa!

Oração do dia
Minha alma se deleita em ti, meu Deus e meu Redentor.

17 de JANEIRO

*E conhecereis a verdade,
e a verdade vos libertará.* JOÃO 8:32

Vivemos em uma era de incerteza filosófica e não sabemos mais no que acreditar. Por isso ficamos em cima do muro. Aonde quer que eu vá, pergunto aos alunos: "O que rege sua vida?" Quando era aluno, eu me deparei com Cristo. Quem era Ele? O Senhor fez uma afirmação maravilhosa: "Eu sou o caminho, e a verdade, e a vida; ninguém vem ao Pai senão por mim" (JOÃO 14:6). Lutei com um tema do qual não conseguia escapar: Jesus Cristo era mesmo quem afirmava ser ou o maior impostor, charlatão e mentiroso da história? Qual deles? No fim de sua vida, Buda declarou: "Ainda estou em busca da verdade". Mas então Jesus apareceu e afirmou: "Eu sou a encarnação de toda a verdade. Em mim reside toda a verdade."

Oração do dia
Senhor Jesus, obrigado pela liberdade que tenho em ti, pois tu és a verdade!

18 de JANEIRO

Para lhes abrires os olhos e os converteres das trevas para a luz. ATOS 26:18

O cego Bartimeu lançou de si sua capa e cambaleando correu ao encontro de Jesus. O Senhor lhe perguntou: "Que queres que eu te faça?". No que ele respondeu: "Mestre, que eu torne a ver." E no momento que ele disse "Mestre", seus olhos espirituais foram abertos. Então Jesus lhe disse: "Vai, a tua fé te salvou" (Veja MARCOS 10:51,52). Perceba que não é pelo nosso conhecimento intelectual, nem pelo nosso dinheiro ou boas obras, mas pela fé. Fé, isso é o que importa! Naquela mesma hora, Bartimeu, que tinha sido cego por toda a sua vida, pôde abrir os olhos e a primeira coisa que enxergou foi o rosto de Cristo. Que experiência! Abrir os olhos e olhar diretamente para a face graciosa e firme de Jesus. Bartimeu teve um encontro com o Senhor e o texto sagrado diz que ele "seguia a Jesus estrada fora" (MARCOS 10:52). Toda vez que você vai para o trabalho ou volta para casa, que está na rua, com os amigos ou na escola, jamais está sozinho. Jesus está sempre com você!

Oração do dia
Senhor Jesus, sou grato a ti por teres me curado da cegueira espiritual!

19 de JANEIRO

Bem-aventurado aquele [...] cuja esperança está no SENHOR, seu Deus. SALMO 145:5

Bem-aventurado é o homem que aprendeu o segredo de buscar a Deus todos os dias em oração. Quinze minutos a sós com Deus toda manhã antes de começar o dia pode mudar situações adversas e mover montanhas. Mas toda a alegria e os benefícios ilimitados que advêm do celeiro celestial dependem do nosso relacionamento com Deus. E a condição para que nos tornemos Seus filhos é nossa total dependência e submissão a Ele. Somente aos filhos de Deus são concedidas dádivas que os levam à felicidade. Porém, para sermos Seus filhos, devemos nos render à Sua vontade. Não é pelas obras que o homem chega a conhecer a Deus; ele só pode conhecê-lo pela fé, por meio da graça. Você não pode construir o seu próprio caminho para a felicidade e o Céu, não pode pavimentá-lo com moralidade; também não pode reformá-lo e muito menos comprá-lo. Ele nos é concedido como uma dádiva através de Cristo.

Oração do dia
Pai celestial, obrigado pelo dom da alegria que tenho por conhecer Teu Filho, Jesus Cristo.

20 de JANEIRO

Pois ele conhece a nossa estrutura.
SALMO 103:14

Quando os astronautas estavam sendo preparados para sua viagem à Lua, uma significativa parte do seu treinamento era responder 20 vezes a seguinte pergunta: "Quem é você?". Aplique este teste em você mesmo. E quando preparar sua lista e não tiver mais nada para acrescentar, pergunte a si mesmo se você foi realmente sincero nas respostas. Será que você sabe mesmo quem é você? Os cientistas concordam que a desesperada busca por sentido leva todo ser humano a procurar heróis e a imitar outros, a "colar porções e partes de outras pessoas sobre si mesmos". Fazemos amor como um ator o faria. Jogamos golfe ao estilo de Jack Nicklaus. Parte desse processo é natural, pois aprendemos imitando os outros. Porém, o lado trágico disso é que a pessoa a quem imitamos não é autêntica. "Quem sou eu?" — você clama enquanto percorre este mundo em busca de si mesmo. Considere isto: Há três de você! Há a pessoa que você pensa que é, outra que os outros acham que você é, e aquela que Deus sabe que você é e pode vir a ser através de Cristo.

Oração do dia
Senhor, ajuda-me a romper com as aparências e a conhecer a mim mesmo como tu me conheces.

21 de JANEIRO

Onde está, ó morte, o teu aguilhão?
1 CORÍNTIOS 15:55

A morte é a experiência mais democrática que há na vida, pois todos nós participamos dela. No entanto, só pensamos nela quando acontece com outra pessoa. Não gostamos de envelhecer, muito menos de morrer. A Bíblia nos ensina que a morte é um inimigo do homem e de Deus. Porém, ela nos ensina também que esta inimiga, a morte, no fim será destruída para sempre, que na verdade ela já foi derrotada na cruz e na ressurreição de Jesus Cristo. A morte para os cristãos representa a libertação perpétua de todo o mal. Também significa que o crente será como Jesus. Por isso devemos ser semelhantes a Jesus no amor. Ainda há muito do nosso eu envolvido em tudo que fazemos aqui, mas um dia, em Cristo, teremos o perfeito amor. Que dia glorioso será quando chegarmos ao Céu!

Oração do dia
Jesus, Tua vitória sobre a morte conforta meu coração e me enche de esperança.

22 de JANEIRO

*Mas, de noite, um anjo do Senhor abriu as
portas do cárcere e, conduzindo-os para fora...*
ATOS 5:19

As obras demoníacas e a adoração a Satanás têm crescido em todas as partes do mundo. O diabo tem trabalhado agora mais do que em qualquer outra época. A Bíblia diz que as obras de Satanás têm aumentado porque ele sabe que seu tempo está acabando. Mas o povo de Deus é protegido dos ataques do diabo pelos espíritos ministradores do Senhor, os seres santos que pertencem à ordem angelical. Os cristãos jamais devem deixar de perceber que anjos gloriosos trabalham a seu favor. São eles que ofuscam os poderes demoníacos neste mundo, assim como faz o Sol com a luz de uma vela. Se você é um crente, saiba que anjos poderosos o acompanharão em suas experiências da vida. Veja o evento dramático que aconteceu com Daniel e comprova a presença afetuosa dos "santos", como ele mesmo os chama (DANIEL 4:17). Na verdade, quando olhamos pelos olhos da fé, temos muitas evidências do poder e da glória de Deus, pois isso nos é revelado de modo sobrenatural. Deus continua no controle.

Oração do dia
Sempre que for tentado por Satanás, eu me lembrarei de que os Teus anjos estão ao meu redor, Senhor.

23 de JANEIRO

Gloriai-vos no seu santo nome; alegre-se o coração dos que buscam o SENHOR. Buscai o SENHOR e o seu poder; buscai perpetuamente a sua presença.
SALMO 105:3,4

Jerônimo, um dos primeiros cristãos, afirmou que "ignorar as Escrituras é ignorar a Cristo". Jó declarou certa vez: "Escondi no meu íntimo as palavras da sua boca" (JÓ 23:12). Jeremias disse: "Achadas as tuas palavras, logo as comi; as tuas palavras me foram gozo e alegria para o coração" (JEREMIAS 15:16). Ler a Bíblia requer um "tempo de silêncio". Os alunos cristãos sempre me perguntam: "Como o senhor faz para manter sua vida espiritual num nível tão elevado? O que o senhor costuma fazer diariamente?" Então, eu lhes conto sobre meu "tempo de silêncio". Alguns dias é de manhã bem cedo, às vezes é um pouco mais tarde; outras vezes, à noite. Sem isso minha vida cristã seria um deserto. Disse Isaías: "Mas os que esperam no SENHOR renovam as suas forças, sobem com asas como águias, correm e não se cansam, caminham e não se fatigam" (ISAÍAS 40:31). Renove, então, suas forças como a águia, como sugeriu o profeta. Separe um tempo todos os dias para que você possa passar alguns minutos a sós com Deus.

Oração do dia
Senhor amado, ensina-nos a esperar em ti para que possamos conhecer a Tua força.

24 de JANEIRO

Ide, portanto, fazei discípulos de todas as nações.
MATEUS 28:19

De todos os movimentos impetuosos que já houve na história, a obra missionária cristã é inigualável. O cristianismo na sua forma mais pura não faz nada por interesse, não defende sistema algum e não tem nenhuma motivação lucrativa. Seu trabalho é simplesmente "buscar e salvar o que havia se perdido". Nada mais e nada menos do que isso. As palavras *apóstolo* e *missionário* têm o mesmo sentido: "Aquele que é enviado". A palavra *apóstolo* vem do grego; a palavra *missionário*, do latim. O Novo Testamento é um livro de missões. Os evangelhos relatam as obras missionárias de Jesus, e Atos descreve o trabalho missionário dos apóstolos. Os discípulos foram enviados ao mundo pelo poder da ressurreição, e o evangelho teve um grande impacto na vida dos habitantes deste mundo. Pedro foi à Lídia, Jope, Antioquia, Babilônia e Ásia Menor. João foi a Samaria, Éfeso e às cidades do Mediterrâneo. Tomé fez uma longa jornada até a Índia. Paulo, o maior de todos os missionários da antiguidade, usou as estradas construídas pelos romanos para levar o evangelho a todo o império. A obra missionária hoje é mais essencial do que nunca! O mundo está diminuindo de tamanho, mas aumentando em população. Vivemos num mundo de conflitos e confusão religiosa; um mundo com problemas muito complexos. O mais importante, porém, é que vivemos num mundo cuja carência espiritual é imensa.

Oração do dia
Pai, ajuda-me a ser luz neste mundo de trevas e a aproveitar cada oportunidade para compartilhar Teu amor com aqueles que têm grandes necessidades espirituais.

25 de JANEIRO

Mas Deus prova o seu próprio amor para conosco pelo fato de ter Cristo morrido por nós, sendo nós ainda pecadores. ROMANOS 5:8

Quando nos colocamos aos pés da cruz de Cristo, podemos ver a gloriosa revelação do amor de Deus. Paulo escreveu para os cristãos em Roma: "Porque Cristo, quando nós ainda éramos fracos, morreu a seu tempo pelos ímpios" (ROMANOS 5:6). A experiência humana comprova que é algo muito raro alguém dar a vida pelo outro, por mais que seja uma boa pessoa, embora alguns tenham tido a coragem de fazer isso. Mas Deus nos deu uma prova do Seu maravilhoso amor por nós "pelo fato de ter Cristo morrido por nós, sendo nós ainda pecadores" (ROMANOS 5:8). Uma bela jovem, com um alto cargo público, veio visitar minha esposa e eu. Ela tinha se convertido a Jesus numa de nossas Cruzadas e estava completamente maravilhada com a transformação que ocorrera em sua vida. Estava tão repleta de Cristo que já havia decorado alguns versículos bíblicos. Ficamos duas horas sentados, ouvindo-a falar, de tão impactante que era o seu testemunho. E ela repetiu várias e várias vezes: "Não entendo como Deus pôde me perdoar. Eu era uma pecadora tão terrível. Simplesmente não consigo entender o amor de Deus."

Oração do dia
Humildemente eu te louvo e te agradeço, meu Senhor e meu Salvador, pois o amor que te levou à cruz por mim está além da minha compreensão.

26 de JANEIRO

> *Ora, é para esse fim que labutamos e nos esforçamos sobremodo, porquanto temos posto a nossa esperança no Deus vivo, Salvador de todos os homens, especialmente dos fiéis.*
> 1 TIMÓTEO 4:10

Nossa vida começa com sofrimento. O tempo de nossa existência é marcado por dores e tragédias, e nossa vida chega ao fim devido a um inimigo chamado morte. Aquele que espera escapar das dores do sofrimento e das decepções que passamos simplesmente não tem conhecimento algum da Bíblia, da história, ou da vida. O maestro sabe que o sofrimento precede o sucesso e a glória. Ele sabe que horas, dias e meses de prática extenuante e sacrifício precedem a uma hora de apresentação perfeita onde sua regência é aclamada. O aluno sabe que anos de estudo, privação e renúncia precedem o dia glorioso da formatura em que ele é graduado com louvor. Sim, há nuvens de sofrimento para cada um de nós, mas Deus nos diz: "Eu venho ao seu encontro em meio às escuras e densas nuvens de sofrimento". Pela fé, em meio à tempestade, podemos contemplar a Sua face bendita. Em todo o sofrimento Deus tem um plano, um propósito.

Oração do dia
Pai celestial, ajuda-me a lembrar de que nenhum dos meus sofrimentos é em vão. É por meio deles que me fazes entender ainda mais o Teu amor e o Teu consolo.

27 de JANEIRO

*Com a tua bênção, será, para sempre,
bendita a casa do teu servo.*
2 SAMUEL 7:29

Além da influência religiosa, a família é a célula mais importante da sociedade. Seria maravilhoso se todos os lares fossem cristãos, mas sabemos que não é bem assim. As famílias e lares jamais terão um papel influente na sociedade enquanto rejeitarem os preceitos bíblicos. A Bíblia convoca à disciplina e ao reconhecimento de autoridade. Se os filhos não aprenderem isso em casa, eles não terão uma atitude correta perante a sociedade no que diz respeito à autoridade e à lei. Há sempre crianças que se destacam, mas a realidade nos mostra que a criança é, em grande parte, moldada pelo o que aprende em casa. A única maneira de provermos um verdadeiro lar para nossos filhos é colocando o Senhor como prioridade e instruindo-os sempre a andar em Seus caminhos. Somos responsáveis perante Deus pelo lar que provemos aos nossos filhos.

Oração do dia
Pai, livra-me de toda palavra ou atitude que venha impedir meus filhos de te amar.

28 de JANEIRO

Nosso Senhor Jesus Cristo mesmo e Deus, o nosso Pai, que nos amou [...] consolem o vosso coração. 2 TESSALONICENSES 2:16,17

Cristo é a resposta para toda dor. Quando Larry Lauder, o grande humorista escocês, recebeu a notícia de que seu filho fora assassinado na França, ele disse: "Numa hora como esta, há três opções que um homem pode escolher: ele pode cair em desespero e se tornar uma pessoa amarga, pode lutar para aliviar sua dor bebendo ou levando uma vida dissoluta, ou ele pode se voltar para Deus." Em meio ao sofrimento, volte-se para Deus. Há milhares de pessoas que se voltaram para Ele, mas pode ser que você ainda esteja carregando o seu fardo. Deus lhe pede insistentemente: Lance sobre mim toda a sua ansiedade, porque eu tenho cuidado de você (1 PEDRO 5:7). Você que está passando pelo vale da sombra da morte, você que teve que dizer adeus àqueles a quem tanto amava, você que está passando necessidade ou privações, você que está sendo perseguido injustamente por causa da retidão, mantenha-se firme, tenha coragem! Nosso Senhor é mais do que suficiente para tratar sua dor.

Oração do dia

Senhor Jesus, Teu consolo arrancará de mim toda amargura e desespero e me dará coragem para enfrentar o sofrimento. Tua graça me consolará e Teus braços me sustentarão. Obrigado, Senhor amado.

29 de JANEIRO

A meus irmãos declararei o teu nome.
SALMO 22:22

Há pessoas em sua vizinhança que precisam do poder transformador de Cristo. E você as conhece pelo nome. Sugiro então que faça uma lista e comece a separar algum tempo para orar por elas. Peça a Deus para lhe mostrar como testemunhar a elas e ganhá-las para Jesus. A mensagem que transmitir a elas pode transformar suas vidas. Basta compartilhar o evangelho que você recebeu. Ao fazê-lo, demonstrará misericórdia. Assim como recebeu o perdão dos seus pecados e a promessa da vida eterna pela misericórdia de Deus, você deve demonstrar misericórdia. E ao fazer isso, você não somente receberá misericórdia, mas usufruirá de uma alegria renovadora.

Oração do dia
Amado Salvador, que ao fechar meus olhos para orar,
eu possa ver a face daqueles que precisam te conhecer.

30 de JANEIRO

*Que é a vossa vida? Sois, apenas, como neblina
que aparece por instante e logo se dissipa.*
TIAGO 4:14

Deus jamais é pego de surpresa. Tudo acontece de acordo com os Seus planos; e Ele deseja que você faça parte deles. O diabo também tem planos para este mundo. Assim como Deus têm planos, o diabo também os tem. Você então tem que decidir por qual deles irá optar. A Bíblia diz que Deus permite que nosso tempo de vida seja de 70 anos ou um pouco mais. Passamos os primeiros 15 anos na infância e no início da adolescência, 20 anos são passados na cama, e os últimos 15 anos certas limitações físicas começam a restringir nossas atividades. Isso nos mostra que vivemos mais ou menos 30 anos na fase adulta. Se contarmos o tempo que passamos comendo e pensando como vamos pagar as contas, só aí perdemos cerca de 15 anos. Agora suponhamos que passamos sete desses anos vendo televisão. O que sobra então são apenas sete ou oito anos. Nosso tempo é curto! O tempo que podemos investir em Deus, em coisas criativas, em alcançar nosso semelhante para Cristo é muito curto!

Oração do dia
Senhor Jesus, quero passar cada momento que me resta desta vida terrena te servindo todos os dias. Perdoa o tempo gasto frequentemente com coisas insignificantes.

31 de JANEIRO

*Porquanto, para mim,
o viver é Cristo, e o morrer é lucro.*
FILIPENSES 1:21

Helen Keller *[N.T.: (1880–1968) Primeira pessoa surda e cega a conquistar um diploma de bacharel. Tornou-se uma célebre escritora, filósofa e conferencista norte-americana.]*, que era surda e cega, deixou um exemplo clássico de superação. Ela disse certa vez: "Sou grata a Deus pela minha deficiência, pois foi através dela que pude ter um encontro comigo mesma, com meu trabalho e com meu Deus." Algumas pessoas com alguma limitação física sucumbem à autopiedade e assim não usam suas habilidades para servir ao próximo e a Deus. O apóstolo Paulo conhecia a dor do sofrimento. Mas ao invés de ser vencido pela enfermidade que tinha, ele a venceu e ainda a usou para a glória de Deus. Paulo usou tudo, até a morte, para glorificar seu Senhor. Qualquer que fosse o rumo que o destino tomasse, esse apóstolo sempre estava um passo à frente e aproveitou tudo que passou para magnificar o seu Salvador.

Oração do dia
Senhor Jesus, mesmo as minhas deficiências podem ser usadas por ti. A exemplo do apóstolo Paulo, ajuda-me a superá-las para Tua Glória.

1º de FEVEREIRO

*Sabemos que todas as coisas cooperam para o
bem daqueles que amam a Deus.*
ROMANOS 8:28

É bem provável que nunca teríamos ouvido as canções de Fanny Crosby *[N.T.: (1820-1915) Compositora lírica conhecida por tornar-se a mais prolífica autora de hinos sacros conhecida.]* se ela não tivesse ficado cega. George Matheson jamais teria dado ao mundo sua imortal canção, *Amor que não me larga nunca*, se não tivesse passado pela fornalha da aflição. George Frederick Handel escreveu o coro *Aleluia* quando passava por uma extrema pobreza e sofria com a paralisia de todo o lado direito do seu corpo. Como cristãos, a aflição serve para nossa edificação e crescimento. A enfermidade é uma dentre "todas as coisas" que cooperam para ao bem daqueles que amam a Deus. Não se recinta nem fique amargurado por isso.

Oração do dia
*Pai, tu não cometes erros. Se o sofrimento adentrar
minha vida, permita-me usá-lo para levar outros a te
conhecerem.*

2 de FEVEREIRO

*Na esperança da vida eterna que o Deus que não
pode mentir prometeu antes dos tempos eternos.*
TITO 1:2

A vida é uma oportunidade maravilhosa, se for usada para nos condicionar à eternidade. Mas se falharmos nisso, por mais que tenhamos sido bem-sucedidos em tudo, nossa vida será um fracasso. O homem que desperdiçar a chance de se preparar para se encontrar com Deus não terá como escapar. Nossa vida também é imortal. Deus criou o homem diferente de todas as outras criaturas. Ele o criou conforme a Sua imagem, uma alma vivente. Nosso corpo um dia morrerá e nossa existência na Terra chegará ao fim, mas nossa alma viverá para sempre. Daqui a mil anos, você estará mais vivo do que está agora. A Bíblia nos ensina que a vida não termina no cemitério. Há uma vida futura com Deus para aqueles que confiam no Seu Filho, Jesus Cristo.

Oração do dia
*Obrigado pela vida eterna que tenho em Cristo e pela
paz que recebi por causa dessa vitoriosa promessa.
Ajuda-me a dar estas boas-novas a todos ao meu redor.*

3 de FEVEREIRO

*Cria em mim, ó Deus, um coração puro e renova
dentro de mim um espírito inabalável.*
SALMO 51:10

Você foi criado conforme a imagem e semelhança de Deus. Criado para ter comunhão com Ele, e se isso não acontecer, o seu coração nunca estará satisfeito. Assim como o metal é atraído por um ímã, Deus o atrai quando sua alma está faminta por Ele. Embora você, como milhares de outras pessoas, possa até achar mais atraente e agradável o estado pecaminoso em que vive neste mundo, mas um dia — talvez até agora enquanto lê estas palavras — acabará reconhecendo que há algo dentro de você, bem lá no fundo, que não se satisfaz com as coisas desta Terra. Então, assim como Davi, o salmista que experimentou as delícias do pecado e não se sentiu saciado por nenhuma delas, você dirá: "Ó Deus, tu és o meu Deus forte; eu te busco ansiosamente; a minha alma tem sede de ti; meu corpo te almeja, como Terra árida, exausta, sem água" (SALMO 63:1).

Oração do dia
*Embora meu coração muitas vezes se afaste da Tua
presença, como eu te desejo, Deus. Desejo ter um
coração puro como o de Davi.*

# 4 de FEVEREIRO

Se subo aos céus, lá estás.
SALMO 139:8

Acredito ser possível conhecer Deus como Ele é. A Bíblia diz que Deus é Espírito, que Ele não está limitado a um corpo, a uma forma, a uma força, a limites ou barreiras. Ele é totalmente imensurável. Milhares de pessoas tentam limitar Deus a certas esferas e rebaixá-lo a certas categorias que não passam de fruto de especulação. Para Deus não há limites. Não há limites para Sua sabedoria, para o Seu poder, para o Seu amor, para a Sua misericórdia. Os homens mudam; muda a moda, as condições, as circunstâncias, mas Deus jamais muda.

Oração do dia
Quantas vezes eu tenho te limitado, Senhor. Perdoa-me pela minha mente finita e enche-me de sabedoria, poder e misericórdia para que eu possa tocar hoje aqueles a quem tu amas.

5 de FEVEREIRO

Não deixemos de congregar-nos.
HEBREUS 10:25

Não vou discutir com você sobre como a natureza pode ser uma inspiração para pensarmos em Deus. Davi disse: "Os céus proclamam a glória de Deus, e o firmamento anuncia as obras das suas mãos" (SALMO 19:1). Só que não posso deixar de dizer que você está totalmente errado por estar afastado da casa de Deus. A Bíblia diz: "Cristo amou a igreja e a si mesmo se entregou por ela" (EFÉSIOS 5:25). Se o nosso Senhor amou a igreja a ponto de morrer por ela, então devemos respeitá-la o bastante para apoiá-la e fazer parte dela. Gosto muito do que Theodoro Roosevelt disse certa vez: "Você pode adorar a Deus em qualquer lugar e em qualquer tempo, mas provavelmente não conseguirá fazer isso antes de aprender a adorá-lo num lugar reservado e num tempo específico."

Oração do dia

Ao longo do tempo, os cristãos têm se encontrado para te adorar, amado Senhor. Obrigado, por eu ser parte desta família abençoada.

6 de FEVEREIRO

Portanto, se o sangue de bodes e de touros [...]
os santificam, quanto à purificação da carne,
muito mais o sangue de Cristo [...]
purificará a nossa consciência de obras mortas,
para servirmos ao Deus vivo!
HEBREUS 9:13,14

Ter a consciência culpada é uma experiência terrível. Os psicólogos podem definir isso como complexo de culpa e buscar racionalizar esta sensação de culpa. Mas quando isso é despertado e confrontado à luz da lei de Deus, nenhuma explicação pode acalmar a voz que não para de acusar a consciência. Muitos criminosos já se entregaram às autoridades porque sua mente culpada os acusava tanto que isso era pior do que a cela do cárcere. A Bíblia nos ensina que só Jesus pode limpar nossa consciência. E que experiência maravilhosa quando nossa consciência culpada é purificada e se vê livre da constante acusação! Mas não é a purificação da consciência que nos salva, e sim a fé em Jesus. Uma consciência purificada é resultado de um relacionamento correto com Deus.

Oração do dia
Pai, eu fico maravilhado com a grandeza do Teu perdão.

7 de FEVEREIRO

*Ora, aquele que possuir recursos deste mundo,
e vir a seu irmão padecer necessidade,
e fechar-lhe o seu coração, como pode
permanecer nele o amor de Deus?* 1 JOÃO 3:17

Você sabe que a coisa mais difícil de se abrir mão é o dinheiro. Ele representa o seu tempo, suas energias, seus talentos, toda a sua personalidade convertida em frações monetárias. Geralmente nos apegamos tenazmente ao dinheiro, mesmo sabendo que ele não vale tanto assim e que não poderemos levá-lo para o mundo vindouro. A Palavra de Deus nos ensina que somos mordomos por pouco tempo de tudo aquilo que ganhamos. E se o usarmos mal, como fez o servo que enterrou seu talento, isso trará sobre nós o juízo mais severo de Deus. O dízimo é do Senhor e estaremos roubando a Deus se o usarmos para nossos próprios fins. Devemos considerar o dízimo como padrão, e quando doamos mais do que devemos, demonstramos nossa gratidão pelas dádivas que o Senhor nos concedeu. Apesar de todas as lutas e provações que passamos, há muitas bênçãos e alegria em nossa vida advindas das mãos de Deus. Até mesmo nossa capacidade de amar é uma dádiva dele. Demonstramos nossa gratidão a Deus devolvendo a Ele parte do que Ele nos deu.

Oração do dia
Pai, dá-me um coração generoso que não reluta em devolver-te tudo que por direito é Teu.

8 de FEVEREIRO

*E os que são de Cristo Jesus crucificaram a
carne, com as suas paixões e concupiscências.*
GÁLATAS 5:24

É Cristo que sempre nos dá forças para lutar e conquistar nossas vitórias. A Bíblia não nos ensina que o cristão ficará totalmente livre do pecado nesta vida, mas sim que ele não terá mais poder sobre nós. A força e o poder do pecado já foram destruídos. Os cristãos hoje têm recursos disponíveis para levar uma vida além e acima deste mundo. A Bíblia nos ensina que todo aquele que é nascido de Deus não vive na prática do pecado. É como uma garotinha que certa vez disse que quando o diabo bate à porta para tentá-la, ela envia Jesus para atender.

Oração do dia
Senhor Jesus, preciso do Teu poder todos os dias. Tu sabes o quanto sou tentado.

9 de FEVEREIRO

E esse viver que, agora, tenho na carne,
vivo pela fé no Filho de Deus, que me amou
e a si mesmo se entregou por mim.
GÁLATAS 2:20

Certo dia, por um simples ato de fé, decidi crer em Jesus por Sua Palavra. Eu não podia vir apenas por meio do meu intelecto; ninguém pode. Mas isso não quer dizer que devemos desprezar a razão. Deus nos deu uma mente e habilidade para raciocinar sempre que for preciso, embora o último e decisivo passo deva ser dado pela fé. Eu aceitei Jesus pela fé. Mas funciona quando alguém se arrepende dos seus pecados e aceita Jesus pela fé? Eu só posso dizer que na minha vida deu certo. Algo aconteceu comigo. Não me tornei perfeito, mas a direção da minha vida mudou. Encontrei um novo sentido para a vida, uma nova capacidade de amar que antes não conhecia.

Oração do dia
No dia em que te aceitei, Senhor, foi um ato de fé pura
como a de uma criança. E toda a minha vida mudou!

10 de FEVEREIRO

*Ora, a nossa comunhão é com o Pai
e com seu Filho, Jesus Cristo.*
1 JOÃO 1:3

Deus criou você e o fez conforme a Sua imagem. Você foi criado conforme a imagem e semelhança do Criador. Deus tinha um propósito ao criá-lo, e o primeiro deles era que tivesse comunhão com Ele. O homem estará perdido, confuso e sem direção se não tiver comunhão com o Senhor. E por não saber onde está, ele sempre vai sentir que, seja onde for, ali não é o seu lugar. Há milhares de pessoas que reconhecem e confessam que são infelizes. Segurança econômica, diversão, prazer e um bom lugar para se viver não trazem a paz e a alegria que elas desejam. Isso acontece porque o homem foi criado conforme a imagem de Deus e nunca encontrará o descanso, a felicidade, a alegria e a paz, em plenitude, até que se volte para Ele.

Oração do dia
Ajuda-me hoje, Pai, a dizer às pessoas que elas podem ter comunhão contigo. Que o Teu amor me capacite para isso!

11 de FEVEREIRO

> ...*para que experimenteis qual seja a boa,*
> *agradável e perfeita vontade de Deus.*
> ROMANOS 12:2

Deus tem um plano na vida de todo cristão. Cada circunstância, cada mudança de percurso, tudo é para o seu bem. Tudo isso trabalha em unidade para a plenitude. O plano de Deus é que você seja perfeito — todas as coisas cooperam para o seu bem e para a Sua glória. Minha esposa Ruth, quando era uma jovem cristã, queria ser missionária, como eram seu pai e sua mãe. Mas Deus tinha outros planos em sua vida. As mudanças nas circunstâncias lhe revelaram os planos de Deus para ela. E agora ela está feliz onde Ele a colocou. Muitos de nós pedimos ao Senhor que Ele mude nossas circunstâncias para se adequar aos nossos desejos, ao invés de fazermos da vontade dele a nossa também. Não deixe que as circunstâncias lhe aflijam. Ao contrário, espere que a vontade de Deus para sua vida seja revelada nessas circunstâncias e por meio delas.

Oração do dia

Pai, quantas vezes me precipito à Tua liderança. Que eu possa confiar totalmente em ti e saber que em meio a tudo o que estou passando hoje, tu estás agindo com o Teu querer sobre a minha vida.

12 de FEVEREIRO

Aquele que ama a seu irmão permanece na luz.
1 JOÃO 2:10

Dificilmente poderíamos dizer que somos levados a ser sensíveis às necessidades dos outros nos dias em que vivemos. Criamos uma aparência de sofisticação e dureza de coração que nos impede de agir assim. Abraham Lincoln disse certa vez, de forma característica: "Tenho pena do homem que não consegue sentir o chicote quando é colocado nas costas de outro." Grande parte do mundo hoje em dia é insensível e indiferente à pobreza e ao sofrimento humano. Isso se deve principalmente ao fato de que, para muitas pessoas, nunca houve um renascimento. E o amor de Deus nunca foi derramado de forma efusiva no coração delas. Muitos falam do evangelho social como se fosse algo à parte do evangelho da salvação. Mas a verdade é que existe apenas um evangelho. Precisamos ser redimidos e justificados com Deus antes de sermos sensíveis às necessidades das pessoas. O amor celestial, assim como o raio de sol refletido, brilha primeiro antes irradiar-se. A menos que o nosso coração seja condicionado pelo Espírito Santo para receber e refletir a fervorosa compaixão de Deus, não conseguiremos amar nosso próximo como deveríamos.

Oração do dia
Pai, ajuda-me a sentir o sofrimento do próximo e a me preocupar por ele, a fim de que eu possa fazer brilhar a luz do Teu amor neste mundo tão insensível.

13 de FEVEREIRO

Vocês são o povo de Deus.
Ele os amou e os escolheu para serem dele.
COLOSSENSES 3:12 (NTLH)

Muitos escritores retratam o pessimismo dos nossos dias, e vários deles levam as mãos à cabeça em desespero e dizem: "Não há solução para o dilema do homem". Ernest Hemingway disse certa vez: "Eu vivo num vácuo que é tão solitário como uma válvula de rádio quando as pilhas se acabam e não há nenhuma tomada elétrica onde se ligar." Eugene O'Neill descreve a postura filosófica dos nossos dias como uma "Longa jornada noite adentro" e diz que "o único sentido da vida é a morte". Mas eu digo a Hemingway e a O´Neill: "A vida tem muito mais a oferecer do que a morte". A vida é muito mais do que uma válvula de rádio que precisa de uma tomada elétrica para ser ligada. Jesus nos ensinou como é digno e importante ser uma pessoa. Deus nos colocou nesta Terra com um propósito, e este propósito é que tenhamos comunhão com Ele e venhamos a glorificá-lo.

Oração do dia

Amado Pai, Teu amor por mim vai além da desesperança desta vida e confere a mim o propósito que eu tão desesperadamente preciso.

14 de FEVEREIRO

Com amor eterno eu te amei.
JEREMIAS 31:3

Nenhuma experiência humana é capaz de retratar plenamente a justiça de Deus que nos foi concedida através do Seu infinito amor. Isso é um mistério — incompreensível, inexplicável. Como o mistério da luz e o calor do Sol, que não podemos medir ou explicá-los, ainda assim não podemos viver sem eles. Escrevendo sobre o mistério da justiça absoluta, Paulo disse: "Mas falamos a sabedoria de Deus em mistério, outrora oculta, a qual Deus preordenou desde a eternidade para a nossa glória [...] mas, como está escrito: Nem olhos viram, nem ouvidos ouviram, nem jamais penetrou em coração humano o que Deus tem preparado para aqueles que o amam" (1 CORÍNTIOS 2:7,9). O que Deus forjou em nós é algo extraordinário. Mas Sua obra apenas começou. Ele tem um futuro maravilhoso, emocionante e fabuloso para todos os Seus filhos.

Oração do dia
Minha mente limitada não pode entender tudo que está guardado para aqueles que te amam. Mas isso não tira minha alegria e a expectativa de tudo que o Teu amor tem preparado — eternamente!

15 de FEVEREIRO

Deixo-vos a paz, a minha paz vos dou...
JOÃO 14:27

Jesus disse: "Bem-aventurados os pacificadores, porque serão chamados filhos de Deus" (MATEUS 5:9). Quando a pacificação começa? Como podemos ser pacificadores? Podemos encontrar a paz dentro de nós? Freud disse que a paz nada mais é do que uma atitude mental. Rejeitemos nossas fobias, desprendamo-nos de nossas neuroses e pronto! — alcançamos a paz que tanto desejávamos. Respeito a psiquiatria por tudo que pode fazer, pois ela, sem dúvida alguma, já ajudou muitas pessoas. Mas, com toda a certeza, ela não pode substituir a paz que somente Deus pode dar. Se a psiquiatria deixar Deus de fora, acabaremos vendo psiquiatras procurando uns aos outros para se consultar. Não poderemos ter paz se não a encontrarmos em Deus. A Bíblia diz que "Ele é a nossa paz" (EFÉSIOS 2:14).

Oração do dia
Sobre minha alma tu derramas o bálsamo da Tua paz, e por isso eu humildemente te louvo, Deus Todo-Poderoso.

16 de FEVEREIRO

*O sal é uma coisa útil; mas se perder o gosto
como é que vocês poderão lhe dar gosto de novo?
Tenham sal em vocês mesmos...*
MARCOS 9:50 (NTLH)

Colombo foi chamado de louco porque decidiu navegar por oceanos desconhecidos. Martinho Lutero foi chamado de louco porque ousou desafiar a hierarquia religiosa dominante de sua época. Patrick Henry foi considerado louco quando clamou: "Dê-me a liberdade ou então a morte!" George Washington foi tido como louco quando resolveu continuar a guerra no Vale Forge depois do inverno, quando milhares dos seus homens haviam morrido e outros milhares, desertado, deixando-o com um pequeno contingente apenas. Nós nos tornamos sofisticados e respeitados demais em nossa geração para sermos chamados de loucos. O cristianismo se tornou tão conceituado e convencional que hoje é algo insípido. O sal perdeu o seu sabor. Quem dera Deus que este mundo achasse os cristãos tão perigosos a ponto de nos chamar de loucos, ainda mais nestes dias em que o materialismo e o secularismo se espalharam por toda a Terra. Ainda bem que ainda há aqueles que sacrificam seu tempo, seus talentos, sua posição social, um cargo lucrativo e que abrem mão de todo benefício para servir ao reino de Deus.

Oração do dia
Coloca em mim, Senhor Jesus, o mesmo sabor que os discípulos demonstraram enquanto viveram com tanto entusiasmo por ti.

17 de FEVEREIRO

Pois eis que eu crio novos Céus...
ISAÍAS 65:17

Que tipo de lugar é o Céu? Primeiro, o Céu é o nosso lar. A Bíblia usa a palavra *lar* com toda a ternura e memórias sagradas e nos diz que o Céu é o nosso lar. Segundo, o Céu é o nosso lar permanente. Nós temos a promessa de um lar onde os que seguem a Cristo viverão para sempre. Terceiro, a Bíblia nos ensina que o Céu é um lar cuja beleza está além da nossa imaginação. E não poderia ser diferente, pois Deus é o Deus da beleza. Quarto, a Bíblia também nos ensina que o Céu será um lar alegre, pois tudo que existe lá nos fará felizes. Familiares e amigos estarão reunidos no Céu. A casa de Deus será um lar feliz porque Jesus estará lá. Ele será o centro do Céu. Todos os corações se converterão, e todos os olhos se voltarão para Ele.

Oração do dia
Eu me alegro quando penso na promessa do lar eterno, onde estarei contigo e com aqueles que amo.

18 de FEVEREIRO

Jesus respondeu [...] e vereis o Filho do Homem assentado à direita do Todo-Poderoso e vindo com as nuvens do céu. MARCOS 14:62

O mundo em que vivemos é cheio de pessimismo. A Bíblia não dá direito a nenhum cristão de sair por aí preocupando-se e imaginando o que fazer para mudar a situação que temos vivido hoje em dia. A Palavra de Deus diz que devemos consolar uns aos outros em meio ao caos, à perseguição, às guerras e rumores de guerra, sabendo que nosso Senhor Jesus Cristo virá em triunfo, majestade e glória. Muitas vezes quando vou para a cama à noite, penso que Jesus pode voltar antes de eu acordar. Às vezes, quando me levanto de manhã cedinho, penso que este pode ser o dia da Sua volta. Ele disse aos cristãos para estarem prontos e vigiarem o tempo todo, "porque, à hora em que não cuidais, o Filho do Homem virá" (MATEUS 24:44). Você acha que Cristo virá hoje? "Provavelmente não", você pode dizer. Mas é justamente num dia assim que Ele virá. Que momento glorioso será quando formos arrebatados com o Senhor e nos reunirmos com Ele!

Oração do dia
Obrigado, Jesus, pela esperança de que até mesmo hoje posso ter a alegria de ver-te face a face!

19 de FEVEREIRO

*Se alguém supõe ser religioso, deixando de
refrear a língua, antes, enganando o próprio
coração, a sua religião é vã.* TIAGO 1:26

Os problemas deste mundo poderiam ser resolvidos do dia para a noite se os homens conseguissem controlar sua língua. Suponha que não houvesse mais ódio, palavrões, mentiras, reclamações ou murmurações. E que também que não houvesse mais piadas sujas, críticas injustas; como isso faria a diferença nesta Terra! A Bíblia ensina que quem consegue dominar sua língua pode controlar toda a sua personalidade. Então, antes de dizermos alguma coisa, temos que fazer três perguntas a nós mesmos: Será que isso é verdade? Há bondade nisso? Isso glorifica a Cristo? Se sempre pensarmos antes de falar, não haverá tanta maldade em nossas palavras e em pouco tempo um avivamento espiritual virá sobre a nossa nação.

Oração do dia
*Não me deixes esquecer como é importante guardar
minha língua. Oro para que tudo que eu falar hoje seja
agradável aos Teus olhos, Senhor.*

20 de FEVEREIRO

*Guardo no coração as tuas palavras,
para não pecar contra ti.*
SALMO 119:11

Quando a tentação vier, aconselho você a pedir forças a Deus e que Ele lhe mostre o caminho que preparou para que você possa escapar. Outra palavra de conselho: procure ver se não foi você mesmo, intencionalmente, que se colocou na situação em que está sendo tentado. Todos nós não estamos sujeitos às mesmas fraquezas e tentações. Para alguns, o álcool pode ser uma tentação; para outro, podem ser pensamentos e atos impuros; para outros ainda, a ganância e a cobiça; para outros também, críticas e ações sem amor. Seja como for, tenha certeza de que Satanás lhe tentará no seu ponto fraco, e não no seu ponto forte. Mas nosso Senhor já nos deu o exemplo de como vencer as tentações do diabo. Quando Ele foi tentado no deserto, derrotou Satanás a cada vez usando a Palavra de Deus.

Oração do dia
*Vencerei as tentações com o escudo da Tua Palavra,
Deus Todo-Poderoso.*

21 de FEVEREIRO

*Se, porém, algum de vós necessita de sabedoria,
peça-a a Deus [...] e ser-lhe-á concedida.*
TIAGO 1:5

A paz de Deus e com Deus no coração do homem, assim como alegria da comunhão com Jesus, têm um efeito benéfico enorme ao corpo e à alma. Além disso, proporcionam o desenvolvimento e a preservação das forças físicas e mentais. O que o Senhor faz então é prover o melhor para o corpo, a alma e o espírito. Além disso, Deus nos dá paz interior, crescimento na vida espiritual, a alegria de ter comunhão com Ele e as forças renovadas que advêm do novo nascimento. Há certos privilégios especiais que somente os verdadeiros cristãos podem desfrutar. Por exemplo, há o privilégio de ter a sabedoria divina e ser sempre guiado por Deus.

Oração do dia
*Deus Todo-Poderoso, permite que eu viva perto
de ti para que Tua sabedoria invada minha alma
continuamente.*

22 de FEVEREIRO

*E levem sempre a fé como escudo,
para poderem se proteger de todos os dardos de
fogo do Maligno.* EFÉSIOS 6:16 (NTLH)

Muitas piadas são feitas com o diabo, mas o diabo não é brincadeira. Se algum tempo atrás eu falasse sobre Satanás para alguns estudantes universitários, eles não me dariam muita atenção. Mas hoje isso não é mais assim. Agora os alunos querem saber sobre o diabo, magia e ocultismo. Muitos não percebem que com isso estão buscando a Satanás. Estão sendo enganados porque, segundo disse Jesus Cristo, Satanás é o pai da mentira e o maior mentiroso de todos os tempos. Ele é chamado de enganador. Para realizar seus intentos, o diabo cega as pessoas para que elas não possam ver o quanto precisam de Cristo. Há duas forças trabalhando neste mundo: as forças de Jesus e as forças do diabo — e você precisa escolher uma delas.

Oração do dia
Escolhi servir-te, Senhor Jesus. Dá-me Tua força para lutar contra as artimanhas de Satanás.

23 de FEVEREIRO

Tudo posso naquele que me fortalece.
FILIPENSES 4:13

Jesus era humilde de coração. E se Ele permanecer em nós, o orgulho nunca poderá dominar nossa vida. O Senhor tinha um coração amoroso. E se Ele habitar em nós, a amargura e o ódio nunca terão poder sobre o nosso coração. Cristo tinha um coração perdoador e compreensível. E se Ele habita em nós, a misericórdia moderará nossos relacionamentos com nossos semelhantes. Não havia egoísmo no coração do Mestre. E se Ele vive em nós, o egoísmo não mais vai prevalecer em nossa vida, mas o servir a Deus e aos outros virá antes dos nossos desejos egocêntricos. Você pode até dizer: "Este é um pedido enorme!" E reconheço isso. É impossível chegar ao nível de Jesus por suas próprias forças e com seu coração natural. Paulo admitiu que jamais conseguiria ter um coração puro por seu próprio esforço.

Oração do dia
Habita em mim hoje, Senhor, para que eu possa refletir Tua graça e amor.

24 de FEVEREIRO

Quem, ó Deus, é semelhante a ti [...] porque tem prazer na misericórdia. MIQUEIAS 7:18

Muitos querem ouvir a Deus, mas só por curiosidade. O que eles querem na verdade é analisar e esmiuçar tudo em seus tubos de ensaio. Para essas pessoas, Deus continua sendo um grande silêncio cósmico "em algum lugar do Universo". Mas Ele se comunica com aqueles que estão dispostos a ouvir, aceitar e obedecê-lo. Jesus disse que devemos ser simples como as criancinhas, pois Deus geralmente se revela aos que são mansos e humildes de coração — como o jovem pastor Davi, o homem rude do deserto chamado João Batista, os pastores que cuidavam do seu rebanho quando nasceu o Salvador, com a jovem de nome Maria. Como é que Deus se comunica? Como um cego pode ver? De que maneira o surdo pode ouvir? Desde o início, Deus se comunica com o homem. Adão ouviu Sua voz no jardim do Éden, e quando teve dois filhos, Caim e Abel, Deus falou com eles também. Caim desprezou o que lhe foi revelado, mas Abel foi obediente à Palavra de Deus. E sua resposta provou que o homem maculado e deformado pelo pecado pode responder às tentativas de diálogo de Deus. Portanto, desde o início, Deus tem construído uma ponte entre si e a humanidade através da revelação.

Oração do dia

Deus Tudo-Poderoso, como és misericordioso! Meu desejo é demonstrar esta mesma misericórdia.

25 de FEVEREIRO

Mas não foi essa a maneira de viver que vocês aprenderam como seguidores de Cristo. [...] abandonem a velha natureza de vocês, que fazia com que vocês vivessem uma vida de pecados...
EFÉSIOS 4:20-22 (NTLH)

Paulo não era nada manso antes da sua conversão. Orgulhosa e brutalmente, ele prendia os cristãos e procurava destruí-los. Paulo era intolerante, egoísta e soberbo. No entanto, quando escreveu sua fervorosa e afetuosa epístola às igrejas da Galácia, dentre outras coisas, ele disse: "Mas o fruto do Espírito é [...] benignidade, bondade [...] mansidão" (GÁLATAS 5:22,23). Sua submissão era algo dado por Deus, não inerente ao ser humano. Não é da nossa natureza sermos mansos. Ao contrário, é da nossa natureza sermos orgulhosos e arrogantes. Por isso, o novo nascimento é essencial a todos nós. Foi por esta razão também que Jesus foi bem sincero e direto ao dizer não somente a Nicodemos, mas a todos nós: "Importa-vos nascer de novo" (JOÃO 3:7). Aqui começa a mansidão! Sua natureza precisa ser transformada.

Oração do dia
Pai celestial, dá-me o mesmo tipo de mansidão que destes a Jesus.

26 de FEVEREIRO

*Mas o fruto do Espírito é: amor, alegria,
paz, longanimidade, benignidade, bondade,
fidelidade, mansidão, domínio próprio.*
GÁLATAS 5:22,23

Jesus pode acabar com a nossa luta interior. O homem sem Deus sempre estará dividido entre dois impulsos: sua natureza o impele a fazer o que é errado, e sua consciência o encoraja a fazer o que é certo. Desejos antagônicos e emoções misturadas o mantêm sempre num estado de instabilidade pessoal. Os médicos estão perto de chegar à conclusão de que este conflito é a razão do esgotamento físico e do colapso nervoso. Muitos médicos hoje acreditam que o estresse, o nervosismo e o conflito interior estão entre as causas que contribuem para o resfriado comum. É bem provável que Paulo estivesse vivendo um conflito interior assim quando afirmou: "Desventurado homem que sou! Quem me livrará do corpo desta morte?" (ROMANOS 7:24). Mas ele mesmo respondeu à sua pergunta e disse: "Graças a Deus por Jesus Cristo, nosso Senhor" (v.5).

Oração do dia
*Senhor, somente o Teu Santo Espírito pode controlar
meus mais íntimos sentimentos. Ajuda-me a estar
consciente da Tua presença neste dia.*

27 de FEVEREIRO

Porque eu vivo, vós também vivereis.
JOÃO 14:19

A ressurreição é de suma importância para o cristianismo pessoal. Há uma interrelação fundamental entre a própria existência do cristianismo com aquele que crê e com a mensagem do evangelho. O teólogo suíço Karl Barth disse: "Você quer acreditar no Cristo vivo? Só podemos crer nele se também crermos na Sua ressurreição corporal. Esta é a essência do Novo Testamento. Seremos sempre livres para rejeitá-la, mas não para alterá-la, e muito menos fingir que o Novo Testamento diz algo mais. Podemos aceitar ou recusar a mensagem, mas não podemos modificá-la." O cristianismo, como um sistema de verdades, sucumbirá se a ressurreição for rejeitada. A ressurreição de Jesus é uma das pedras fundamentais da nossa fé.

Oração do dia
Senhor, que todo o meu dia eu viva com o pensamento constante de que tu estás vivo!

28 de FEVEREIRO

Estas coisas vos escrevi, a fim de saberdes que tendes a vida eterna. 1 JOÃO 5:13

Recentemente li que os Estados Unidos gastarão um bilhão de dólares para levar um homem em segurança até Marte. Mas para Deus custou o sangue inestimável do Seu único Filho para levar a nós, os pecadores, ao Céu. Jesus apagou nossa culpa ao morrer no lugar de toda a humanidade. Agora Deus pode nos perdoar. Num momento de ação de graças, Paulo declarou certa vez: "Vivo pela fé no Filho de Deus, que me amou e a si mesmo se entregou por mim" (GÁLATAS 2:20). Você repetirá essas palavras agora, mesmo enquanto lê? Se você o fizer, creio que também terá motivos para ser grato e provará do amor de Deus em seu coração. Experimente e veja o que acontece. A Bíblia ensina que você deve ter certeza absoluta de que foi salvo.

Oração do dia
Pai, embora minha mente finita não possa compreender todas as maravilhas do evangelho, sou grato a ti por eu ter certeza da minha salvação em Cristo.

29 de FEVEREIRO

...porque o SENHOR, vosso Deus, é quem vai convosco; não vos deixará, nem vos desamparará. DEUTERONÔMIO 31:6

A solidão não faz acepção de pessoas. Ela invade palácios assim como cabanas. Muitos passam a beber por causa da solidão. Outros acabam ficando loucos por causa dela. Outros ainda cometem suicídio por causa do desespero que a solidão traz. Milhares encontraram em Cristo a resposta para a sua solidão. Os jovens hebreus não estavam sozinhos quando foram lançados na fornalha ardente da perseguição; havia Um com eles, semelhante ao Filho de Deus. Moisés não estava sozinho no deserto de Midiã quando Deus o confrontou e o chamou para um grande ministério. Elias não estava sozinho na caverna quando o Senhor foi ao seu encontro e falou com ele naquela voz doce e suave. Paulo e Silas não estavam sozinhos na prisão em Filipos quando cantavam louvores à meia-noite e foram visitados por Deus. Seja você quem for, Cristo pode lhe dar conforto e estar sempre ao seu lado.

Oração do dia
Senhor, quando eu começar a me sentir sozinho, ajuda-me a lembrar que tu sempre estás comigo. Às vezes, o caminho se torna escuro, mas sei que tu estás presente. Obrigado, Senhor.

1º de MARÇO

Como pode um jovem conservar pura a sua vida? É só obedecer aos teus mandamentos.
SALMO 119:9 (NTLH)

Muitas das dificuldades que passamos como cristãos podem ser resultado da falta de leitura e estudo da Bíblia. E não devemos nos contentar apenas em ler bem rápido um capítulo para aliviar a consciência. Esconda a Palavra de Deus no seu coração! Uma pequena porção bem digerida tem mais valor para a alma do que um longo trecho examinado apressadamente. E não fique desanimado por não entender tudo que há na Bíblia; continue. Conforme você for lendo, o Espírito Santo lhe dará entendimento de cada passagem. Ler a Bíblia tem um efeito purificador sobre a mente e o coração.

Oração do dia
Que as riquezas da Tua Palavra iluminem o mais profundo da minha alma, Senhor!

2 de MARÇO

Eis que te comprazes na verdade no íntimo e no recôndito me fazes conhecer a sabedoria.
SALMO 51:6

A Bíblia ensina que a pureza da conduta inclui a honestidade. Também nos ensina que devemos ser sinceros em tudo que demonstramos ser. Como foi que Jesus repreendeu os escribas e fariseus para denunciar sua hipocrisia? No Sermão do Monte, Ele censurou toda hipocrisia no que diz respeito a ofertar, orar e jejuar. Também devemos ser verdadeiros quando falarmos de tudo que conquistamos no passado por causa dos nossos talentos. Deus não quer que subestimemos os fatos — o que provavelmente não seria verdade — mas também não quer que superestimemos nossas conquistas e nossos dons, seja quando pensarmos ou falarmos sobre isso. A mentira nada mais é do que tudo que é contrário à pura verdade.

Oração do dia
É tão fácil enfeitar a verdade, Senhor. Dá-me da Tua sabedoria para ser totalmente honesto em cada fase da minha vida.

3 de MARÇO

...foi por meio dele que Deus criou o Universo...
HEBREUS 1:2

Há muitos argumentos à nossa disposição para provar que Deus existe. Temos a evidência científica, que indica a existência de Deus. Por exemplo, tudo que está em movimento tem que ser impulsionado por algo, pois o movimento é a resposta da matéria ao poder de impulsão. No mundo da matéria, não pode haver poder sem vida, pois a vida pressupõe que há um ser do qual se emana o poder para mover as coisas, como as ondas e os planetas. Também há o argumento de que nada pode ser a causa de si mesmo. Algo teria que existir antes de si mesmo para se originar, mas isso é absurdo. E ainda há a lei da vida. Vemos objetos que não têm intelecto, como as estrelas e os planetas, que se movem num padrão consistente, cooperando engenhosamente entre si de uma maneira. Portanto, é óbvio que eles não alcançaram seu movimento por acaso, mas porque foram planejados. Tudo que não tem inteligência não pode se mover de forma inteligente. Uma flecha não teria utilidade alguma sem um arco e um arqueiro. O que dá direção, propósito e forma aos objetos inanimados? Deus. Ele é a misteriosa força motriz da vida.

Oração do dia
Senhor, eu sei que sem o Teu poder, a minha vida seria inútil. Leva-me, pelo Teu Santo Espírito, a glorificar-te em tudo que faço.

4 de MARÇO

Há, todavia, uma coisa, amados, que não deveis esquecer [...] não retarda o Senhor a sua promessa, como alguns a julgam demorada; pelo contrário, ele é longânimo para convosco, não querendo que nenhum pereça, senão que todos cheguem ao arrependimento. 2 PEDRO 3:8,9

Muitos se perguntam: "Onde é que este mundo vai parar?" Um cuidadoso estudante da Bíblia verá que Deus controla o relógio do destino. Em meio ao caos deste mundo, a mão do Deus onipotente está trabalhando para cumprir Seu plano e propósito imutáveis. Jesus Cristo logo voltará a esta Terra. E é Ele quem está no controle e definirá como tudo vai ser. George Whitefield, o grande evangelista britânico, disse: "Eu espero diariamente a volta do Filho de Deus." Só que ele não ficou sentado de braços cruzados, antes dedicou sua vida a proclamar o evangelho de Cristo.

Oração do dia
Cristo, livra-me do comodismo, apressa-me para pregar Tua mensagem de salvação a todos que ouvirem até o dia da minha morte ou da Tua volta.

5 de MARÇO

Foi, pois, e fez segundo a palavra do Senhor.
1 REIS 17:5

Como mensageiros de Deus, muitas vezes teremos uma vida solitária. "...todos me abandonaram...", Paulo disse (2 TIMÓTEO 4:16). É o preço que temos que pagar; há uma certa solidão no evangelho. No entanto, você não estará sozinho, pois será ministrado pelo Espírito Santo, como aconteceu com Elias no ribeiro de Querite. A vida de um verdadeiro mensageiro é sobrecarregada. Se ele for um instrumento do Senhor, carregará em seu coração um fardo pelas almas, que não poderá dividir com ninguém, senão aqueles que já passaram por isso.

Oração do dia
Assim como Teu Espírito cuidou de Elias, sei que não estou sozinho servindo a ti, Deus Todo-Poderoso.

6 de MARÇO

Se, com a tua boca, confessares Jesus como
Senhor e, em teu coração, creres que Deus o
ressuscitou dentre os mortos, serás salvo.
ROMANOS 10:9

O coração é a bomba de sangue para o corpo. Também é usado metaforicamente para falar das afeições e sentimentos. E já que o coração é o órgão central do corpo e um dos mais importantes, a Bíblia se refere a ele como a fonte da vida. Portanto, ele também é usado como sinônimo de "vida". Quando a Palavra de Deus diz: "Dá-me, filho meu, o teu coração" (PROVÉRBIOS 23:26), isso não significa que temos que arrancar nosso coração literalmente e dá-lo a Deus. Significa que devemos dar a Ele nossa vida, tudo que há em nós. Quando aceitamos a Cristo, não devemos fazer isso apenas em nossa mente, mas "crendo de coração". Temos a opção de crer no Jesus histórico, mas se temos a "fé salvadora", nossa crença deve envolver todo o nosso ser. Quando cremos de todo o coração, nossa mente, vontades e emoções se rendem ao Senhor.

Oração do dia
Senhor, creio e me alegro porque tu estás vivo
e és meu Redentor!

7 de MARÇO

*A palavra está perto de ti [...]
a palavra da fé que pregamos.*
ROMANOS 10:8

Jesus disse que há grande alegria ao reconhecer a miséria espiritual, pois é isso que leva a receber Deus em nosso coração. A Bíblia nos ensina que a alma tem uma doença; e é ela que causa todos os problemas e aflições que há neste mundo. É esta doença que causa as provações, lutas e adversidades em sua vida. E o nome dela é uma palavra tão feia que não gostamos de usá-la. Ela se chama *pecado*. Todos nós somos orgulhosos e não gostamos de reconhecer que erramos ou falhamos. Mas Deus diz que "todos pecaram e carecem da glória de Deus" (ROMANOS 3:23). Falhamos em viver segundo o padrão divino. O primeiro passo que devemos dar para ter paz, alegria e contentamento é confessar nossos pecados.

Oração do dia

O orgulho me impede de reconhecer que preciso de ti, Senhor. Ajuda-me então a perceber, todos os dias, que nada sou sem ti.

8 de MARÇO

*Não amem o mundo, nem as coisas
que há nele. Se vocês amam o mundo,
não amam a Deus, o Pai.*
1 JOÃO 2:15 (NTLH)

Há certas situações no cotidiano que não são pecado em si, mas que têm uma tendência de levar ao pecado se houver exagero. *Exagerar* significa literalmente "usar ao extremo", e em muitos casos, fazer uso exagerado de coisas que são até normais nos levam a pecar. A ambição é parte essencial do nosso caráter, mas devemos usá-la na medida certa e pelas coisas que são lícitas. Pensar sobre as necessidades da vida e cuidar da família é absolutamente essencial, mas isso pode levar à ansiedade. Por isso que os cuidados desta vida, como Jesus ensinou, sufocam a semente espiritual no coração. Ganhar dinheiro é essencial para vivermos, mas fazer dinheiro pode se converter em amor ao dinheiro. E é justamente aí que o engano da riqueza entra na nossa vida espiritual e a destrói. Muito do que chamamos de mundanismo é entendido de forma errada nos círculos cristãos. Não podemos limitar este termo a uma categoria, conduta ou circunstância da vida em particular e usar isso para dizer se uma pessoa é espiritual e a outra não. O mundanismo, na verdade, é um espírito, uma atmosfera, uma influência que abrange tudo na sociedade e na vida; algo que precisamos vigiar com todo esforço e perseverança.

Oração do dia

Senhor, que eu seja sempre sensível ao Teu Espírito, para que o espírito de mundanismo e sua concupiscência não tenham domínio sobre mim.

9 de MARÇO

...habite Cristo no vosso coração, pela fé.
EFÉSIOS 3:17

Os especialistas dizem que a sociedade está doente. Sua panaceia *[N.E.: Remédio para todos os males.]* tratou a debilidade humana com pequenas doses de casas populares, programas sociais, educação para todos e condicionamento psicológico. Mas temos aprendido que esta não é a resposta para o problema. O mundo precisa de mudança; a sociedade precisa mudar, as nações precisam mudar, mas nunca as mudaremos se nós mesmos não mudarmos. No entanto, jamais mudaremos se não olharmos para o espelho da nossa própria alma e aceitarmos com sinceridade o que somos por dentro. Então, livremente reconhecer que há um defeito na natureza humana, uma desobediência inata que vem da rebelião natural do homem contra Deus. Não estou dando um sermão aqui, mas apenas tentando fazê-lo entender o que provoca a sua reação. Mas também desejo mostrar que só é possível encontrar respostas no relacionamento pessoal com Deus.

Oração do dia
Não adianta tentar esconder de ti quem realmente sou. Coloco em Tua presença todos os meus mais íntimos desejos e pensamentos, Senhor Jesus.

10 de MARÇO

...não tendo justiça própria.
FILIPENSES 3:9

As pessoas andam por muitos caminhos que não levam ao reino de Deus. Algumas tentam o caminho das boas obras e dizem: "Eu vou para o Céu se fizer boas ações, pois Deus honrará tudo de bom que eu fizer." É maravilhoso fazer boas obras, mas não conseguimos fazer boas ações o suficiente para satisfazer a Deus. Ele exige perfeição, e não somos perfeitos. Se quisermos entrar no reino dos Céus, temos que ser totalmente perfeitos. Você pergunta: "Bem, como eu posso ser perfeito?" Precisamos ser revestidos da justiça do Senhor Jesus. Só existe um caminho para o reino dos Céus, e é Jesus. E não chegaremos lá a menos que andemos no Seu caminho.

Oração do dia
Deus Todo-Poderoso, não há nada que eu possa fazer para ser merecedor do Teu amor. Ainda assim, me destes Jesus — meu Senhor e Salvador.

11 de MARÇO

Sujeitai-vos, portanto, a Deus.
TIAGO 4:7

Você tem uma língua e voz. Estes instrumentos da linguagem podem ser usados de maneira construtiva ou destrutiva. Pode usar sua língua para difamar, ofender, xingar, resmungar, discutir. Ou então pode usá-la sob a direção do Espírito de Deus e torná-la um instrumento de bênção e louvor. Tiago 3:3, na versão Almeida Século 21, diz: "Se colocamos freios na boca dos cavalos para que nos obedeçam, então conseguimos dirigir-lhes o corpo todo". Sendo assim, nossa natureza indomável se põe sob o controle de Cristo quando nos submetemos para fazer Sua vontade em nossa vida. Assim nos tornamos mansos, submissos e "preparados para toda boa obra" (2 TIMÓTEO 2:21).

Oração do dia
Desejo estar debaixo da Tua direção, Senhor Jesus Cristo. Arranca de mim o orgulho que me impede de me submeter totalmente a ti.

12 de MARÇO

Eu, porém, irmãos, não vos pude falar
como a espirituais, e sim como a carnais,
como a crianças em Cristo.
1 CORÍNTIOS 3:1

Há alguns que aceitaram Jesus, mas nunca alcançaram a maturidade espiritual. Eles passaram a vida toda na igreja, só que jamais chegaram a ser cristãos maduros. Estes ainda são considerados "meninos espirituais", "bebês em Cristo". Conhecem muito pouco das Escrituras, possuem pouco desejo de orar, assim como são poucas as marcas do cristianismo que demonstram em sua rotina. Dizer: "Eu vou melhorar, e para isso vou empenhar todas as minhas forças e rever meu modo de viver" é até louvável, mas fútil. É como se um homem morto dissesse: "Eu vou — através de puro esforço — sair deste caixão e voltar a viver". Você precisa de um poder que vai além de si mesmo. Não pode se livrar de hábitos e cadeias, que o prendem. Precisa de alguém de fora para o ajudar; precisa de Jesus. A Bíblia nos fala de uma ponte de fé que vai do vale da aflição aos altos montes da gloriosa esperança em Cristo. Ela nos diz onde estamos, e mais do que isso, nos mostra onde podemos estar com Ele. É claro que nunca seremos totalmente maduros até estarmos na presença de Jesus, mas é possível crescermos a cada dia como cristãos.

Oração do dia

Age em minha vida neste dia, Senhor, para que eu
amadureça como cristão, conheça-te melhor e a mim
seja revelada Tua perfeita vontade.

13 de MARÇO

*O Senhor é a minha rocha, a minha cidadela,
o meu libertador; o meu Deus,
o meu rochedo em que me refugio.*
SALMO 18:2

O problema do pensamento moderno é que temos a ideia de que Deus é um Deus aleatório, que não possui regras definidas para a vida e a salvação. Pergunte a um astrônomo se ele acha que Deus é casual. Ele lhe dirá que todas as estrelas se movem com precisão em sua jornada celestial. Pergunte a um cientista se ele acha que Deus é aleatório. Ele lhe dirá que suas fórmulas e equações são precisas, e que ignorar as leis da ciência seria uma a tolice dos tolos. Mas se as leis no reino material são exatas e precisas, não é compreensível que Deus se dê ao luxo de ser aleatório no reino espiritual, onde o destino eterno de todas as almas está em risco? Assim como Deus tem equações e regras no reino material, Ele as tem no reino espiritual também.

Oração do dia
Obrigado, Deus, por Tua absoluta ordem divina. Em meio à confusão, ela me traz esperança e paz perfeita.

14 de MARÇO

*Portanto, não vos inquieteis com o dia de
amanhã, pois o amanhã trará os seus cuidados;
basta ao dia o seu próprio mal.*
MATEUS 6:34

O rei George V escreveu numa folha em branco da Bíblia de um amigo: "O segredo da felicidade não é fazer o que você gosta, mas aprender a gostar do que você precisa fazer." Muitos acham que a felicidade é um tipo de fábula que se torna realidade quando a buscamos com todo afinco e persistência. Mas não é procurando a felicidade que a encontramos. Ela não é um fim em si mesmo. Não encontramos potes de ouro no fim do arco-íris, como pensávamos quando éramos crianças; o ouro é extraído de minas ou meticulosamente peneirado de um córrego. Jesus disse certa vez aos Seus discípulos: "Buscai, pois, em primeiro lugar, o seu reino e a sua justiça, e todas estas coisas vos serão acrescentadas" (MATEUS 6:33). Estas "coisas" que Ele mencionou são aquelas que nos fazem sentir felizes e seguros: comida, bebida, roupa e abrigo. Mas o Senhor disse que não devemos fazer disso o objetivo principal da nossa vida, e sim "buscar o reino", pois assim nossas necessidades serão na mesma hora supridas. Aí está, se quisermos aceitar, o segredo da felicidade.

Oração do dia
*Perdoa-me, Pai, pelas vezes que fico ansioso. Tu
prometeste cuidar de todas as minhas necessidades.*

15 de MARÇO

Ora, o Deus da paz [...] vos aperfeiçoe em todo o bem, para cumprirdes a sua vontade, operando em vós o que é agradável diante dele.
HEBREUS 13:20,21

Quando eu era garoto, o rádio era a sensação do momento. Nós nos reuníamos ao redor de um aparelho rústico feito em casa e ficávamos movendo os três botões sintonizadores de um lado para o outro tentando estabelecer contato com o transmissor. Geralmente o som que saía do amplificador era um chiado de estática; mas sabíamos que, em algum lugar lá fora, havia o transmissor invisível para nós, e se o contato fosse estabelecido e os botões estivessem ajustados, podíamos ouvir uma voz alta e clara. Depois de algum tempo tentando a todo custo encontrar a sintonia, de repente, surgia uma voz bem distante e um sorriso de vitória iluminaria o rosto de todos na sala. Finalmente conseguíramos sintonizar! Podemos encontrar uma nova vida e um novo significado na maneira como Deus estabeleceu para se revelar a nós, mas para isso temos que "sintonizar". Há níveis muito mais altos que podemos chegar em nossa vida; níveis que nunca alcançamos. Existe uma paz, uma satisfação, uma alegria que nunca desfrutamos. Deus está tentando se comunicar conosco. Os Céus estão chamando. Deus está falando! Que o homem então ouça Sua voz!

Oração do dia
Senhor, ajuda-me a ficar sintonizado à Tua vontade, pois assim receberei tudo que tu desejas me conceder com tanto amor.

16 de MARÇO

> *E qual a suprema grandeza do seu poder para com os que cremos, segundo a eficácia da força do seu poder; o qual exerceu ele em Cristo, ressuscitando-o dentre os mortos.*
> EFÉSIOS 1:19,20

Jesus disse aos Seus discípulos que o mundo os odiaria. Eles seriam enviados "como ovelhas para o meio de lobos" (MATEUS 10:16). Seriam presos, açoitados e levados à presença de governadores e reis. Seriam perseguidos até pelos que mais amavam. Como o mundo havia odiado e perseguido o Senhor, assim os Seus servos seriam tratados. Milhares de cristãos aprenderam o segredo do contentamento e da alegria na aflição. Alguns dos cristãos mais felizes que já conheci tiveram uma vida de sofrimento. Eles tiveram todos os motivos para lamentar e murmurar, por terem negado tantos privilégios e prazeres que viram outros desfrutarem. Contudo, encontraram um motivo maior para serem mais gratos e alegres do que muitos que são prósperos, fortes e saudáveis. Cristãos de todas as épocas sempre encontraram uma forma de preservar o espírito de alegria nos momentos de tribulação. Em situações que derrubariam a maioria das pessoas, eles se reergueram tão plenamente a elas que fizeram destas situações motivo para servir e glorificar a Cristo.

Oração do dia
Senhor Jesus, jamais nos deixes esquecer de que precisamos a todo o momento nos alegrar em ti, que devemos ir além das circunstâncias, por maior que seja nosso desespero, e ver-te como nossa alegria e esperança.

17 de MARÇO

...uma coisa sei: eu era cego e agora vejo.
JOÃO 9:25

Tentarei lhe explicar a alegria de seguir a Cristo; a emoção, o prazer, a satisfação, pois sei de onde vim, por que estou aqui e para onde vou! Há uma razão para nossa existência. Há uma razão para acordarmos pela manhã o ano todo. Vou tentar lhe dizer o que descobri em Jesus Cristo, ao estudar as Escrituras, ao andar com Ele, e você dirá: "Não entendo isso". É claro que não. Você está cego. Tente explicar para um cego o que é uma televisão. Ele pode até entender um pouco, mas não fará muito sentido para ele. Tente explicar-lhe o pôr do sol. Ele não consegue vê-lo. As escamas precisam ser removidas dos seus olhos, e só Jesus por fazer isso. E Ele pode fazer isso agora mesmo para que você possa ver um mundo totalmente novo que jamais imaginou existir; basta você permitir que Ele abra seus olhos espirituais.

Oração do dia
Sou grato a ti, Senhor Jesus, pelo poder liberado para dar vista aos olhos espiritualmente cegos de cada pessoa que confia em ti.

18 de MARÇO

É razoável essa tua ira?
JONAS 4:4

Você tem um temperamento! Não há nada de especial nisso. A maioria das pessoas tem um temperamento diferente, obviamente. Deus não exige que você abandone o seu temperamento, mas afirma que se quiser ser feliz, você precisa controlá-lo e reorganizá-lo para que seja usado de maneira correta. Deus não pode usar alguém sem temperamento tão bem quanto aquele que controla o seu gênio. Muitos cristãos professos nunca "se comovem" com nada; eles nunca se sentem indignados com a injustiça, com a corrupção nos altos escalões ou com o tráfico impiedoso que vende o corpo e alma das pessoas como se não tivessem valor algum.

Oração do dia
Usa minha ira para ajudar os outros, Senhor. Quando eu vir o mundo que tu criaste se decompondo e pessoas sofrendo, que eu venha a ser desafiado a alcançá-los — ao invés de simplesmente explodir.

19 de MARÇO

Ao que Jesus lhes disse: Tende fé em Deus.
MARCOS 11:22

O cientista Dr. Wernher Von Braun, responsável pelo desenvolvimento do programa espacial norte-americano, disse certa vez: "Os materialistas do século 19 e os herdeiros marxistas do século 20 tentaram nos convencer de que, como a ciência deseja ter mais conhecimento do que a criação, isso nos leva a viver sem fé num Criador. Mas o que temos visto até hoje é que para cada resposta dada pela ciência, surgem novas perguntas. Quanto mais aprendemos sobre a complexidade da estrutura atômica, da origem da vida e do plano-mestre que criou as galáxias, mais razões encontramos para nos maravilharmos com a gloriosa criação de Deus. Mas a necessidade que temos de Deus não se baseia apenas em admiração. O homem precisa tanto de fé como de alimento, água e oxigênio. Apesar de toda a ciência do mundo, precisamos ter fé em Deus."

Oração do dia

Pai, as incríveis invenções da humanidade parecem tão insignificantes quando contemplo Tua magnífica criação. No entanto, em total dependência, compreendo que preciso de fé em ti para suprir até as minhas ínfimas necessidades.

20 de MARÇO

*Portanto, tomai toda a armadura de Deus,
para que possais resistir no dia mau e, depois de
terdes vencido tudo, permanecer inabaláveis.*
EFÉSIOS 6:13

Os amigos de Daniel foram tentados a rejeitar sua herança divina, mas se recusaram. Eles até enfrentaram a fornalha de fogo por manter sua fidelidade. Deus honrou sua fé e usou-os poderosamente. Moisés vivia cercado de luxo e paganismo na corte egípcia, mas rejeitou tudo a que tinha direito em prol do seu povo. Ló viveu em Sodoma e viu a imoralidade daquela cidade condenada à destruição. Deus o salvou tirando-o dali porque Ló confiou nele. Todos os apóstolos do Senhor selaram sua fé com a própria vida. Desde então, a história tem se repetido na vida de homens que têm colocado Deus e Sua vontade acima de tudo.

Oração do dia
*Ajuda-me a manter a fé em ti quando eu for tentado,
Deus Todo-Poderoso.*

21 de MARÇO

*Quando acordar, eu me satisfarei
com a tua semelhança.*
SALMO 17:15

Não é lógico acreditarmos que o único que pode nos recriar é Aquele que, antes de tudo, nos criou? Se o seu relógio está estragado, você não o leva a um ferreiro. Se o seu carro precisa de uma revisão, não o levaria a uma loja de máquinas. Nossos problemas espirituais só podem ser resolvidos por Deus, pois foi Ele que nos criou originalmente. Ele nos criou conforme a Sua imagem e semelhança, e hoje, pela graça do Seu Filho, o Senhor pode nos recriar conforme a imagem da Sua ressurreição. Pela fé em Jesus Cristo, somos recriados e nos tornamos participantes da Sua vida.

Oração do dia
*Há tantas coisas fora do lugar na minha vida, Senhor.
Junte todas as partes que precisam ser recriadas por Teu
poder recriador.*

22 de MARÇO

Conserva-te a ti mesmo puro.
1 TIMÓTEO 5:22

Os fariseus não eram homens felizes. Viviam de cara fechada, eram nervosos e se sentiam frustrados. Viviam cheios de ressentimento, amargura, preconceito e ódio. Mas por quê? Simplesmente porque se esqueceram da concepção de Deus para os puros de coração. Eles achavam que conquanto guardassem a lei, isso já seria o suficiente. Mas não era este o plano de Deus, pois isso não produziu pureza de coração, nem trouxe alegria para a alma. Jesus nos ensinou que Deus olha para o interior e vê muito mais além das atitudes externas do ser humano. Ele sonda e examina o coração. Deus leva em consideração muito mais o que somos por dentro do que por fora. Ele olha para a motivação, os pensamentos, as intenções do nosso coração.

Oração do dia

Pai, dá-me pureza de coração para que eu possa te servir e adorar com verdadeira humildade.

23 de MARÇO

*Jesus Cristo, ontem e hoje, é o mesmo
e o será para sempre.* HEBREUS 13:8

A Bíblia diz que "aos homens está ordenado morrerem uma só vez" (HEBREUS 9:27), e para as pessoas comuns, isso parece ser um problema severo e sem solução. Centenas de filosofias e diversas religiões foram inventadas para contornar a Palavra de Deus. Os filósofos modernos e psicólogos até hoje fazem de tudo para mostrar que existe outro caminho além do de Jesus. Mas as pessoas tentaram todos eles e nenhum as levou a lugar algum a não ser para baixo. O Senhor veio para nos dar a resposta para os três problemas eternos do pecado, do sofrimento e da morte. Jesus Cristo, e somente Ele, que também é eterno e sem sombra de variação, "ontem e hoje, é o mesmo e o será para sempre". Todas as coisas podem mudar, mas Jesus sempre será imutável. No mar revolto das paixões humanas, o Senhor permanece inabalável e calmo, de braços abertos para receber todos que voltarem para Ele e aceitarem a bênção da paz e da segurança. Pois estamos vivendo na era da graça, na qual Deus promete que "todo aquele que quiser" pode vir e aceitar Seu Filho. Mas esta era da graça não vai durar para sempre. O tempo em que vivemos agora nos foi emprestado.

Oração do dia
Jesus, por mais que a minha família, amigos e conhecidos mudem, tu sempre serás o mesmo. Obrigado por Teu amor imutável.

24 de MARÇO

*Mas, a todos quantos o receberam,
deu-lhes o poder de serem feitos filhos de Deus.*
JOÃO 1:12

Quem pode descrever ou mensurar o amor de Deus? Deus é amor. Mas o fato de Ele ser amor não significa que tudo é agradável, bonito e feliz, muito menos que isso o impedirá de punir o pecado. A santidade de Deus exige que o pecado seja castigado, mas em Seu amor Ele preparou um plano de redenção e salvação para o homem pecador. O amor de Deus proveu a cruz de Jesus Cristo, na qual todo ser humano pode encontrar perdão e purificação. Foi o amor de Deus que enviou o Senhor à cruz. Não importa quantos pecados você tenha cometido, e por mais que eles sejam hediondos, imundos, vergonhosos e terríveis, Deus o ama. No entanto, embora o amor de Deus também seja imensurável, inconfundível e sem fim, este amor que pode alcançar o homem onde ele estiver, também pode ser totalmente rejeitado. Deus não força Sua entrada na vida de ninguém, contra a vontade da pessoa. Sua parte é crer; sua parte é receber. Ninguém mais pode fazer isso por você.

Oração do dia
*Teu amor me constrange, Pai. Apesar do meu pecado,
a morte de Jesus na cruz pode me purificar de
todos os meus pecados. E humildemente aceito esta
dádiva, Senhor.*

25 de MARÇO

Aquele que não ama não conhece a Deus,
pois Deus é amor.
1 JOÃO 4:8

Jesus derramou lágrimas de compaixão diante do túmulo de um amigo. Ele pranteou sobre Jerusalém porque, como cidade, ela havia perdido sua estima pelas coisas espirituais. O grande coração do Senhor era sensível às necessidades dos outros. E para enfatizar a importância de o homem amar seu semelhante, Ele redefiniu um antigo mandamento: "Amarás o Senhor, teu Deus, de todo o teu coração [...] e o teu próximo como a ti mesmo" (LUCAS 10:27). Esta geração é intolerante e perversa. Outro dia eu ouvi um menininho se gabando do quanto era valentão. Ele disse: "Quanto mais você anda pela rua em que moro, mais valente é o morador, e eu moro na última casa". Enquanto não aprendermos o valor de demonstrar compaixão pelas pessoas, estando junto a elas em suas lutas, mazelas e aflições, jamais saberemos o que é a verdadeira felicidade.

Oração do dia
Senhor Jesus, torna meu coração sensível e cheio de compaixão para que eu possa amar de verdade.

26 de MARÇO

*...a luz veio ao mundo, e os homens amaram
mais as trevas do que a luz.*
JOÃO 3:19

O problema que o mundo enfrenta pode ser resumido por estas palavras: "A luz brilha na escuridão, e a escuridão não conseguiu [entendê-la]" (JOÃO 1:5 NTLH). A luz da Páscoa continua brilhando, mas o homem se recusa a se voltar para os seus raios que curam e trazem perdão, redenção e salvação. É assim que a maioria assustadora da humanidade rejeita Jesus atualmente. Como resultado, as trevas espirituais cegam o homem e ele segue tropeçando rumo à destruição, ao juízo e ao inferno. Em meio às trevas e o "vazio" que havia sobre a Terra quando o mundo foi criado, Deus disse: "Haja luz" (GÊNESIS 1:3). E se você permitir, Deus pode tornar em dia as trevas que há em sua vida, irradiando Sua luz sobre sua mente cauterizada, sua vontade estagnada e sua alma confusa. Muitos estão vivendo em trevas espirituais, estão confusos, frustrados, atormentados e com medo. Deixe que a luz entre em seu coração pela fé!

Oração do dia
Ao se aproximar a Páscoa, vendo a natureza irromper numa gloriosa recriação, lembro-me da glória da ressurreição. Eu te louvo, Senhor Jesus, por Tua luz que brilha na escuridão da minha alma.

27 de MARÇO

...e quem a si mesmo se humilhar será exaltado.
MATEUS 23:12

Em quase todas as histórias que vemos na Bíblia, assim como na vida, o orgulho está ligado ao fracasso, não ao sucesso. Ouvimos falar muito sobre o complexo de inferioridade, mas pouco se fala sobre o complexo de superioridade, que leva ao orgulho. Foi o orgulho que causou a queda de Lúcifer e o transformou em Satanás, o diabo. Foi o orgulho que levou o rei Saul a cair em desgraça e à morte prematura. Foi o orgulho que levou Pedro a negar o seu Senhor. A maior atitude de humildade na história do Universo foi quando Jesus Cristo entregou a si mesmo para morrer na cruz do Calvário. E antes de qualquer um chegar ao Céu, ele tem que se ajoelhar aos pés da cruz e reconhecer que é pecador, que violou os Dez Mandamentos de Deus, e que precisa receber Sua Graça através de Cristo. Ninguém pode buscar o Senhor com orgulho no coração.

Oração do dia
Senhor Jesus, tu passaste por tanta humilhação e dor por mim na cruz. Peço humildemente que perdoes meu orgulho e as atitudes erradas que te levaram a ser pregado ali.

28 de MARÇO

O Senhor é a minha luz e a minha salvação.
SALMO 27:1

Vemos escrito abaixo do retrato de Peter Milne, pendurado na igreja que ele fundou no pequeno arquipélago de New Hebrides, na ilha de Nguna: "Quando ele aqui chegou, não havia luz. Quando morreu, não havia mais trevas." Quando Jesus veio a este mundo, não havia luz. Mateus, citando Isaías, disse sobre Ele: "O povo que jazia em trevas viu grande luz, e aos que viviam na região e sombra da morte resplandeceu-lhes a luz" (MATEUS 4:16). Harry Lauder disse certa vez que durante sua infância sabia muito bem onde estava o acendedor do lampião "por causa da trilha de luz que ele deixava para trás." Jesus foi o lampião celestial. Onde quer que Ele fosse, a escuridão do pecado e o desespero desapareciam.

Oração do dia
Meu coração e minha alma te louvam, meu Redentor ressurreto, pela luz que penetra a mais profunda escuridão e transforma minha vida com Teu amor.

29 de MARÇO

...Àquele que nos ama, e, pelo seu sangue,
nos libertou dos nossos pecados.
APOCALIPSE 1:5

O sangue é mencionado 460 vezes na Bíblia. Jesus fala 14 vezes do sangue no Novo Testamento. Por quê? Porque foi derramando Seu sangue que Ele tornou possível a nossa salvação. Ele pagou o preço pelos nossos pecados e nos redimiu. O preço pelos nossos pecados e pela nossa rebelião é a morte. Jesus deu um passo à frente e disse: "Eu morrerei por eles." Ele entregou Sua vida por vontade própria e recebeu o castigo que merecíamos. Este é o significado da cruz. O sangue de Jesus não somente nos redimiu, mas também nos justificou. E ser justificado significa mais do que ser perdoado. Posso dizer: "Eu lhe perdoo", mas não posso justificá-lo. Deus, no entanto, não somente perdoou o passado, como também nos vestiu de justiça como se nunca tivéssemos pecado. Mas isso custou o sangue do Seu Filho derramado na cruz.

Oração do dia

Senhor Jesus, te agradeço com toda a sinceridade do meu coração pelo Teu sacrifício na cruz. Teu sangue purificou meu pecado e me tornou digno de receber o perdão.

30 de MARÇO

Porque Deus não nos destinou para a ira,
mas para alcançar a salvação mediante nosso
Senhor Jesus Cristo, que morreu por nós.
1 TESSALONICENSES 5:9,10

Você já parou para pensar na morte de Jesus? Na biografia do grande americano Daniel Webster, 863 páginas falam da sua carreira e apenas cinco são dedicadas à sua morte. John Hay escreveu uma biografia de cinco mil páginas sobre Abraham Lincoln, mas apenas 25 narram a dramática história do seu assassinato e morte. A morte dos personagens na maioria das biografias é narrada nas últimas páginas e tratadas como algo sem muito valor. Mas em se tratando das quatro "biografias" de Jesus, os quatro evangelhos, nos deparamos com um fato estranho. Um terço de Mateus é usado para descrever a morte de Cristo. Um terço de Marcos, um quarto de Lucas e metade de João tratam da morte de Jesus. E todas estas páginas são dedicadas às últimas 24 horas da Sua vida. A morte de Jesus Cristo é um fato muito importante na história da humanidade, pois Jesus Cristo veio com o propósito expresso de morrer pelos pecadores. Quando Ele deixou o Céu, já sabia que morreria na cruz.

Oração do dia

Senhor Jesus, que agonia sofreste por mim na cruz!
Mereço o Teu julgamento, ainda assim tu me deste o
perdão e a vida eterna. Louvado seja o Teu santo nome.

31 de MARÇO

> *...e, em teu coração, creres que Deus
> o ressuscitou dentre os mortos...*
> ROMANOS 10:9

É impossível algo vir à existência simplesmente por crermos que isso vai acontecer. O evangelho não passou a existir só porque o homem creu nisso. O sepulcro não ficou vazio na primeira Páscoa, sem o corpo de Jesus, porque algumas pessoas creram. A realidade precedeu a fé. Somos psicologicamente incapazes de acreditar sem um objeto para nossa fé. O objeto da fé cristã é Jesus Cristo. A fé significa muito mais do que uma aceitação intelectual de tudo que Cristo afirmou. Você não foi chamado para crer em algo que não se pode crer, mas para acreditar no fato histórico que, na realidade, transcende toda a história. A fé, realmente, significa rendição e compromisso com as reivindicações de Cristo. Não conhecemos Cristo através dos cinco sentidos, mas através do sexto sentido que Deus deu a todo ser humano — a capacidade de crer.

Oração do dia
Minha fé não vacila quando mantenho meus olhos em ti, Senhor. Muitas vezes olho para baixo e acabo tropeçando. Que eu hoje entenda novamente o poder que te ressuscitou dentre os mortos!

1º de ABRIL

*Mas longe esteja de mim gloriar-me,
senão na cruz de nosso Senhor Jesus Cristo.*
GÁLATAS 6:14

Que glória existe na cruz? Ela era um instrumento de tortura e vergonha. Por que Paulo se gloria nela? Ele se gloriou porque nela aconteceu o ato mais altruísta que jamais homem ou anjo qualquer havia realizado. Paulo viu — emanar daquele madeiro rústico e desumano, no qual o Filho de Deus foi crucificado — a gloriosa esperança do mundo, o fim do pecado que escravizava o cristão, e o amor de Deus derramado no coração do homem. A morte de apenas um homem na cruz fez mais para restaurar a paz que a humanidade havia perdido com Deus, com seu semelhante e consigo do que todo o poder e genialidade que há neste mundo. Dentro das minhas limitações, não consigo entender o mistério da expiação de Cristo. Apenas sei que todos que vêm à cruz, em simples e confiante fé, são purificados de toda mancha do pecado e encontram paz com Deus.

Oração do dia
Pai, assim como o apóstolo Paulo, ajuda-me a me gloriar na cruz de Jesus e compreender melhor o tremendo significado que ela tem para mim como cristão e a todos que se ajoelham aos seus pés.

2 de ABRIL

Amarás, pois, o Senhor, teu Deus,
de todo o teu coração, de toda a tua alma...
MARCOS 12:30

Jesus toca cada área da nossa vida. Ele toca nossa mente e somos transformados pela renovação do nosso entendimento. Deus convida a todos para usar a mente: "Vinde, pois, e arrazoemos, diz o SENHOR" (ISAÍAS 1:18). E a Palavra também nos diz que não devemos ser como o cavalo ou a mula, "sem entendimento" (SALMO 32:9). Cristo declarou que devemos amar o Senhor nosso Deus de todo o nosso coração, de toda a nossa alma, de todas as nossas forças e de todo o nosso entendimento. Devemos temer a Deus, amar Jesus e odiar o pecado. Temor, amor e ódio são sentimentos. O doutor Leslie Weatherhead disse certa vez ao pregar no City Temple, em Londres: "Qual o problema de sentir emoção? O cristianismo é apaixonar-se por Cristo. Alguém já se apaixonou sem emoção?"

Oração do dia
Que o meu amor por ti envolva todo o meu ser, Senhor Jesus! Ensina-me a conhecer o verdadeiro amor.

3 de ABRIL

*Ele é antes de todas as coisas.
Nele, tudo subsiste.*
COLOSSENSES 1:17

Napoleão Bonaparte estava certo quando disse: "Eu conheço o homem e lhes asseguro que Jesus é mais do que um homem. Compará-lo com qualquer ser humano que já viveu nesta Terra é impossível, porque Ele é o Filho de Deus." Ralph Waldo Emerson deu a resposta certa àqueles que o questionaram sobre a razão pela qual o nome de Jesus não configurava entre os seus *Homens Representativos [N.T.: Homens Representativos é um dos mais populares livros de Emerson.]*: "Jesus não era apenas um homem." Arnold Toynbee também estava certo quando disse: "Enquanto olhamos fixamente para a outra margem, um único vulto ergue-se das águas e preenche todo o horizonte. Lá está o Salvador."

Oração do dia
Meu Salvador, adoro e exalto o Teu nome, pois tu és o Cristo ressurreto, o amado Filho de Deus.

4 de ABRIL

*Perto está o SENHOR dos que têm o coração
quebrantado e salva os de espírito oprimido.*
SALMO 34:18

No sistema de Deus, primeiro você tem que passar pelo vale da aflição antes de alcançar o ápice da glória espiritual. Antes de ter um relacionamento de comunhão com Cristo, você precisa se sentir cansado até o ponto de ficar esgotado de tanto caminhar sozinho. Deve chegar ao limite do seu ser antes de começar a viver. O pranto pela imperfeição é um choro que atrai a atenção de Deus. A Bíblia diz: "Perto está o SENHOR dos que têm o coração quebrantado e salva os de espírito oprimido" (SALMO 34:18). O dia mais feliz da minha vida foi quando eu percebi que minhas habilidades, bondade e meu senso moral eram insuficientes aos olhos de Deus. Então reconheci publicamente que precisava de Jesus. E não estou exagerando ao dizer que meu pranto se tornou em alegria e meu suspiro, em canto.

Oração do dia
*Nos vales é que sou levado a estar mais perto de ti,
meu Deus e Consolador.*

5 de ABRIL

*E lhes disse: Assim está escrito que o Cristo
havia de padecer e ressuscitar dentre os mortos
no terceiro dia.* LUCAS 24:46

Qual foi o poder e a ação que fez a cruz passar de um instrumento de tortura ao mais glorioso e amado de todos os símbolos? Os romanos crucificaram milhares de pessoas antes e depois do Calvário. Se Jesus não tivesse ressuscitado dos mortos, nenhuma pessoa sensata enalteceria algo tão hediondo e repugnante como a cruz manchada com o sangue de Cristo. Pelo Seu milagre da ressurreição, Jesus colocou um selo de segurança sobre o perdão dos nossos pecados. Um Cristo morto não poderia se tornar nosso Salvador. Um túmulo fechado jamais abriria a porta dos Céus. Mas ao quebrar as cadeias do sepulcro, Jesus provou a todas as gerações que havia derrotado o pecado. O sacrifício do Calvário cumpriu seu propósito; o preço do resgate pago pelos seus e os meus pecados foi aceito por Deus. Aleluia. Que Salvador maravilhoso!

Oração do dia
Senhor Jesus, que eu me lembre do Teu sofrimento e da Tua vitória toda vez que vir a cruz vazia!

6 de ABRIL

Buscai no livro do SENHOR...
ISAÍAS 34:16

Conhecer a Bíblia é essencial para se ter uma vida próspera e com propósito. As palavras desse Livro têm poder para preencher os espaços vazios, fechar as brechas, transformar as cores opacas da nossa vida num brilho de pedras preciosas. Aprenda a encarar todos os seus problemas à luz das Escrituras, pois em suas páginas você encontrará a resposta que precisa. Mas a Bíblia, acima de tudo, é a revelação da natureza de Deus. Os filósofos vêm lutando ao longo dos séculos para resolver o enigma sobre a existência de um Deus supremo. Quem é Ele? O que Ele é? Onde Ele está? Se existe alguém assim, será que Ele se importa comigo? Se Ele se importa, como posso conhecê-lo? Estas e outras milhares de perguntas encontram resposta neste Livro Sagrado que chamamos de Bíblia.

Oração do dia
Que coisa gloriosa é ler a Tua Palavra e aprender mais de ti, meu Senhor e Salvador!

7 de ABRIL

Ele não está aqui, mas ressuscitou.
LUCAS 24:6

Existe algo que diferencia o cristianismo de todas as religiões do mundo. Ele não apenas traz em si a verdade da redenção dos nossos pecados, pela morte do nosso Salvador na cruz, mas também abriga o fato de que Cristo ressuscitou. Somente a fé cristã afirma que seu Líder morreu, ressuscitou e ainda hoje está vivo. Muitas lápides trazem a inscrição: "Aqui jaz...", porém no túmulo de Jesus estão gravadas as palavras: "Ele não está aqui." O cristianismo não possui santuários para a visitação, restos mortais empoeirados para venerar, um sepulcro no qual podemos adorar. Muitos homens bons viveram, e ainda vivem na memória daqueles que os conheceram, mas somente um Homem venceu a morte e vive para sempre: Jesus Cristo!

Oração do dia
O relato da Tua ressurreição sempre me traz alegria, Senhor Jesus.

8 de ABRIL

*Eis o Cordeiro de Deus,
que tira o pecado do mundo!*
JOÃO 1:29

O pecado alcançou seu clímax na cruz de Cristo. Sua exposição mais terrível aconteceu no Calvário. Nunca houve um momento mais tenebroso ou repugnante na história. Vemos o coração do homem despido e sua corrupção totalmente exposta. Algumas pessoas dizem que o ser humano melhorou desde aquele dia, que o Senhor não seria crucificado se voltasse hoje, mas teria uma gloriosa recepção de boas-vindas. Mas na verdade Jesus vem a nós todos os dias na forma de Bíblias que não lemos, na forma de igrejas que não fazemos parte, na forma da necessidade humana com a qual não nos importamos. Tenho certeza de que se Jesus voltasse hoje, Ele seria crucificado mais rápido do que foi há 2.000 anos. O pecado nunca melhora e a natureza humana nunca mudou.

Oração do dia
Pai, tira de mim os pensamentos e atitudes que crucificam Jesus novamente.

9 de ABRIL

*Quando chegaram ao lugar chamado Calvário,
ali o crucificaram.*
LUCAS 23:33

Uma das ironias da natureza humana é que ela sempre encontra uma forma de rejeitar o melhor e aceitar o pior. Por que a multidão pediu que soltassem Barrabás e crucificassem Jesus? A resposta está nesta afirmação da Bíblia: "Enganoso é o coração, mais do que todas as coisas, e desesperadamente corrupto" (JEREMIAS 17:9). Jesus é tão divino e justo hoje como era naquela Sexta-Feira da Paixão. Contudo, milhões de pessoas ainda não o aceitam. Sua bondade ainda é uma repreensão à nossa maldade; Sua pureza ainda expõe nossas impurezas; Sua santidade ainda revela nossa pecaminosidade. E se não permitirmos que Ele destrua todo o mal que há em nós, este mal sempre vai querer destruir Jesus. Esta é a batalha dos séculos.

Oração do dia
*Senhor Jesus, ao meditar sobre a agonia da Tua morte
na cruz do Calvário, meu coração novamente se
humilha diante da magnitude do Teu amor por toda
a humanidade.*

10 de ABRIL

E, se não há ressurreição de mortos, então, Cristo não ressuscitou. E, se Cristo não ressuscitou, é vã a nossa pregação, e vã, a vossa fé [...] Mas, de fato, Cristo ressuscitou dentre os mortos. 1 CORÍNTIOS 15:13,14,20

Certa vez fui convidado para tomar café da manhã com Konrad Adenauer antes de ele se aposentar como chanceler da Alemanha. Quando cheguei, esperava encontrar um homem alto, sério, firme, que até ficaria constrangido se eu mencionasse algum assunto sobre religião. Mas após encontrá-lo, o chanceler virou-se para mim e de repente me perguntou: "Sr. Graham, qual é a coisa mais importante deste mundo?" E antes que eu pudesse dizer alguma coisa, ele mesmo respondeu à pergunta, dizendo: "A ressurreição de Jesus Cristo. Se Jesus Cristo estiver vivo, ainda existe esperança para o mundo. Agora, se Jesus Cristo estiver no sepulcro, eu não vejo então o mínimo sinal de esperança no horizonte." Depois, ele me deixou maravilhado ao dizer que acreditava que a ressurreição de Jesus foi um dos fatos mais comprovados da história. Ele me disse: "Depois que deixar meu cargo, pretendo passar o resto da vida colhendo provas científicas da ressurreição de Jesus Cristo." Foi a ressurreição do Senhor que levou os discípulos a saírem pelo mundo como jovens revolucionários inflamados para mudar o mundo da sua época. Eles pregaram que Jesus está vivo. E essa tem que ser nossa mensagem, não somente na Páscoa, mas todos os dias do ano.

Oração do dia
Pai, que eu pregue a todos a mensagem da ressurreição do Senhor Jesus Cristo e do poder que Ele tem de mudar a vida de todo aquele que nele crer.

11 de ABRIL

Aquele que não conheceu pecado,
ele o fez pecado por nós; para que, nele,
fôssemos feitos justiça de Deus.
2 CORÍNTIOS 5:21

Santo Agostinho foi um dos maiores teólogos de todos os tempos. Ele foi um jovem rebelde, descontrolado, imoral. E apesar dos apelos e orações de sua mãe, ele piorou ao invés de melhorar. Mas um dia Agostinho teve um encontro pessoal com Jesus Cristo que mudou sua vida. Então, seu descontrole e prática do pecado desapareceram, e ele se tornou um dos maiores homens santos que já existiu. John Newton era um mercador de escravos na costa oeste da África. Mas um dia, durante uma tempestade no mar, ele teve um encontro com Jesus. Então voltou para a Inglaterra e se tornou um ministro anglicano. Newton escreveu muitos hinos, e um deles é um louvor muito conhecido que cantamos até hoje: *Graça eterna*. Isso é o que Cristo pode fazer com todos que confiam nele.

Oração do dia
Eu te amo, Senhor Jesus, pois até a minha vida
miserável foi transformada pela Tua graça eterna!

12 de ABRIL

*Assim brilhe também a vossa luz diante dos
homens, para que vejam as vossas boas obras
e glorifiquem a vosso Pai que está nos céus.*
MATEUS 5:16

Uma testemunha fiel vale mais do que mil pessoas que professam religião e permanecem calados. Tom Allen, o jovem e famoso pregador escocês, aceitou Jesus enquanto um soldado negro cantava: "Você estava lá quando crucificaram meu Senhor?" Ele disse que não foi o hino ou a voz do soldado, mas algo sobre sua atitude, sua sinceridade de expressão — que o convenceu a deixar sua vida de pecado e se voltar para o Salvador. A maneira com que nos expressamos faz a nossa fé se multiplicar. Se quisermos guardar a fé, temos que compartilhá-la, temos que dar testemunho.

Oração do dia
*Que os outros possam aceitar a ti, Senhor Jesus,
à medida que eu lhes falar do Teu amor!*

13 de ABRIL

*Rogo-vos, pois, irmãos, pelas misericórdias de
Deus, que apresenteis o vosso corpo por sacrifício
vivo, santo e agradável a Deus, que é o vosso
culto racional.* ROMANOS 12:1

O livro *The age of longing* (A era do desejo) conta a história de uma jovem americana que se casou em Paris com um revolucionário radical. Ela havia perdido sua fé numa universidade dos Estados Unidos, perdido toda a fé religiosa e a fé em tudo que seus pais lhe ensinaram. Perguntada por que havia se casado, ela disse: "Ele é a primeira pessoa que conheço que tem tanta convicção em algo que está disposto a morrer por isso. E apesar de não acreditar exatamente no que ele crê, fui atraída por este homem que encontrou uma causa." Penso que os jovens de hoje estão em busca de uma causa; e não é algo fácil o que eles estão procurando. Algum tempo atrás, um universitário de Moscou disse a uma colega minha: "Vocês cristãos dizem que vão ganhar o mundo, mas nós fizemos mais em 50 anos do que vocês em 2.000 anos. E sabe por quê? Porque vocês não têm compromisso." Mas nós temos, e vamos vencer; você vai ver.

Oração do dia
*Jesus, eu vejo como me dedico a ti, meu Senhor e
Salvador, e fico envergonhado. O Senhor entregou tudo
por mim. Que eu sempre viva totalmente comprometido
contigo por amor!*

14 de ABRIL

*Pois a nossa pátria está nos céus, de onde
também aguardamos o Salvador,
o Senhor Jesus Cristo.*
FILIPENSES 3:20

A Bíblia nos mostra que estamos vivendo os dias do homem. Mas haverá um dia que será chamado o Dia do Senhor. Mas mesmo em meio à falta de esperança, ainda há esperança! E esta esperança concentra-se no Deus Homem, o Senhor Jesus Cristo. Hoje a vontade humana corre solta nesta Terra, mas um dia somente a vontade de Deus será feita. Até lá estaremos sob as ordens do Rei dos reis para proclamar Sua mensagem. Quando fazemos evangelismo, estamos obedecendo ao Seu grande mandamento, que nos manda "ir e pregar". E ao agirmos assim, estamos apressando o dia da Sua volta.

Oração do dia
*Enquanto vivo na esperança da Tua volta, dá-me
sabedoria e amor para alcançar aqueles que estão ao
meu redor.*

15 de ABRIL

Eu sou [...] aquele que vive; estive morto, mas eis que estou vivo pelos séculos dos séculos.
APOCALIPSE 1:17,18

Certas leis de evidência reprimem a comprovação de qualquer evento histórico. No caso em questão, a documentação do evento tem que ser apresentada por testemunhas oculares dignas de confiança. Há mais provas de que Jesus ressuscitou dos mortos do que evidências de que Júlio César realmente existiu ou que Alexandre, o Grande morreu aos 33 anos. É estranho como os historiadores aceitam milhares de fatos pelos quais só podem produzir alguns fragmentos de prova. Mas diante da prova incontestável da ressurreição de Jesus Cristo, eles lançam um olhar cético e levantam dúvidas intelectuais. O problema de muitas pessoas é que elas não querem crer. São tão preconceituosas que não conseguem aceitar o fato glorioso de que o relato bíblico por si só já testifica a ressurreição de Cristo.

Oração do dia
Senhor Jesus, sei que estás vivo, pois tu vives no coração de todos os que te amam!

16 de ABRIL

*Eis que eu estou contigo,
e te guardarei por onde quer que fores.*
GÊNESIS 28:15

Quando Jesus profere Suas palavras de consolo nos primeiros versículos do capítulo 14 do evangelho de João, afirmando: "Vós sabeis o caminho para onde eu vou" (v.4), Tomé lhe diz: "Senhor, não sabemos para onde vais; como saber o caminho?" (v.5). Jesus então lhe responde com uma declaração que traz em si o vínculo da eternidade. Algo tão simples e ao mesmo tempo sublime e profundo. Seu significado aparente estava muito claro a todos, mas ainda assim os grandes teólogos jamais conseguiram analisar totalmente a poderosa profundidade que há nele. Foi isso o que Jesus declarou: "Eu sou o caminho, e a verdade, e a vida; ninguém vem ao Pai senão por mim" (v.6). Numa reviravolta magnífica, estas palavras silenciaram a língua questionadora de Tomé e trouxeram confirmação e paz ao coração dos outros discípulos. Havia no esplendor daquela frase imponente proferida pelos lábios do Filho de Deus consolo suficiente para aliviar a dor dos que sofrem, sabedoria suficiente para satisfazer aqueles que ansiavam por entendimento e poder suficiente para colocar em prática o grande movimento cristão.

Oração do dia
*Saber que tu estás comigo é todo o consolo
que preciso, Senhor.*

17 de ABRIL

...aquele que ressuscitou o Senhor Jesus também nos ressuscitará com Jesus.
2 CORÍNTIOS 4:14

A ressurreição de Jesus traz esperança. O teólogo Emil Brunner disse certa vez: "O que o oxigênio é para os pulmões, a esperança é para o sentido da vida." Assim como o corpo humano precisa de suprimento de oxigênio, a humanidade depende de suprimento de esperança. Só que hoje a falta de esperança e o desespero estão em todo lugar. O próprio Pedro, que caiu em aflição diante do que aconteceu no Calvário, escreveu uma nota triunfante: "Bendito o Deus e Pai de nosso Senhor Jesus Cristo, que, segundo a sua muita misericórdia, nos regenerou para uma viva esperança, mediante a ressurreição de Jesus Cristo dentre os mortos" (1 PEDRO 1:3). Há esperança de que os erros e os pecados possam ser perdoados. Há esperança de que possamos ter alegria, paz, segurança e segurança em meio ao desespero desta era. Há esperança de que Cristo volte em breve — nas Escrituras isto é chamado da "bendita esperança" (TITO 2:13). Há esperança de que algum dia haverá um novo céu e uma terra nova, e que o reino de Deus governará e triunfará. Mas nossa esperança não está na nossa capacidade, na nossa bondade ou na nossa força física. Nós temos esperança graças a ressurreição de Cristo.

Oração do dia
Minha esperança está em ti, meu Senhor e Salvador ressurreto. Que eu jamais me desespere, à medida que me lembrar do Teu triunfo e do Teu amor.

18 de ABRIL

*...o Pai, que está no céu, dará o
Espírito Santo aos que lhe pedirem!*
LUCAS 11:13 (NTLH)

Antes de deixar Seus discípulos, Jesus lhes prometeu que enviaria o Consolador para ajudá-los a enfrentar as lutas, privações e tentações desta vida. A palavra *consolador* significa "aquele que nos ajuda ao longo do caminho." E este Consolador é o Espírito Santo, a poderosa terceira Pessoa da Trindade. Ele passa a habitar em seu coração assim que você nasce de novo. Talvez você não consiga senti-lo em seu coração, mas você precisa exercitar sua fé. Creia nisso! Aceite isso como prova da sua fé! Ele está em seu coração para lhe ajudar. Sabemos que quem inunda o nosso coração com o amor de Deus é o Espírito Santo. E é Ele também que produz em nós o fruto do Espírito: "...amor, alegria, paz, longanimidade, benignidade, bondade, fidelidade, mansidão, domínio próprio..." (GÁLATAS 5:22,23). Não podemos produzir este fruto pelas nossas próprias forças. Ele é gerado de modo sobrenatural pelo Espírito Santo, que habita em nosso coração!

Oração do dia

*Louvo-te, Senhor Deus Todo-Poderoso,
pelo Teu Espírito Santo que me guia e me guarda
em todos os meus caminhos.*

19 de ABRIL

*Digo, porém: andai no Espírito e jamais
satisfareis à concupiscência da carne.*
GÁLATAS 5:16

Andar no Espírito é um exercício desafiador e que nos inspira, pois é uma combinação de atividade e relaxamento. Andar significa colocar um pé após o outro. Se não fizermos isso, não estaremos andando — estaremos parados. Andar significa sempre estar em movimento, em progresso, em direção. E ao permitir que o Espírito Santo viva a vida de Cristo, o pecado não pode mais dominar ou governar sua vida. É isso que significa viver pela fé, viver pela confiança e na dependência de Deus. Se olharmos para os nossos próprios recursos, para nossas próprias forças e para nossa própria capacidade, como fez Pedro ao andar pelas águas, vamos fracassar. Por nós mesmos não podemos viver de forma cristã. O Espírito Santo precisa habitar em nós e se manifestar através da nossa vida. Viver para Cristo é uma experiência diária. É depender constantemente do Espírito de Deus. É crer em Sua fidelidade.

Oração do dia

Senhor, tantas vezes tenho andado por mim mesmo e não pelo Teu Espírito. Guia meus passos neste dia, oro em nome de Jesus.

20 de ABRIL

Porque a mim se apegou com amor.
SALMO 91:14

Umas das necessidades básicas do homem é o amor. E aqueles que "permanecem nele" são o objeto do amor e do afeto de Deus. Você não pode dizer que não tem amigos, pois Cristo disse: "Já não vos chamo servos […] mas tenho-vos chamado amigos" (JOÃO 15:15). Para você que reclama de não ter amor e afeto em sua vida, eu tenho a alegria de lhe recomendar Jesus. Ele o amou a ponto de entregar Sua vida. E não somente isso, pois através da Sua expiação na cruz Jesus conseguiu o favor de Deus em seu favor. Por meio dele então, hoje você pode receber o amor e a graça de Deus, sem medida.

Oração do dia
Pai, obrigado por Teu amor, pois não importa onde eu esteja — seja qual for a situação — tu estás ali, me amando.

21 de ABRIL

*E andai em amor,
como também Cristo nos amou.*
EFÉSIOS 5:2

Não há dúvida de que precisamos de uma reforma social. Se o sucesso é algo a ser realizado, precisamos trabalhar juntos e ouvir uns aos outros, que é um dos primeiros requisitos da colaboração. Neste sentido, o evangelho de Jesus Cristo é relevante como grande reconciliador. O apóstolo João declara na sua primeira epístola: "Jovens, eu vos escrevi…" e "Pais, eu vou escrevi…". Isto é para os jovens engajados e para a velha guarda: "Nisto conhecemos o amor: que Cristo deu a sua vida por nós; e devemos dar nossa vida pelos irmãos. Ora, aquele que possuir recursos deste mundo, e vir a seu irmão padecer necessidade, e fechar-lhe o seu coração, como pode permanecer nele o amor de Deus? Filhinhos, não amemos de palavra, nem de língua, mas de fato e de verdade. E nisto conheceremos que somos da verdade, bem como, perante ele, tranquilizaremos o nosso coração" (1 JOÃO 2:14; 3:16-19).

Oração do dia
Pai, quando alguém discordar das minhas opiniões, que meu amor não seja determinado pela retórica, mas pelo amor envolvente de Teu Filho, Jesus Cristo.

22 de ABRIL

Não andeis ansiosos de coisa alguma; em tudo, porém, sejam conhecidas, diante de Deus, as vossas petições, pela oração e pela súplica, com ações de graças. FILIPENSES 4:6

Os historiadores provavelmente considerarão a nossa época como "a era da ansiedade". A ansiedade é o resultado de colocarmos nossas esperanças em tudo que não tem a ver com Deus e com Sua vontade para nós. Quando tornamos qualquer outra coisa o nosso objetivo, a frustração e a derrota são inevitáveis. Apesar de termos menos com o que nos preocupar do que as gerações passadas, acabamos nos preocupando mais. Embora as coisas sejam mais tranquilas do que eram para os nossos antepassados, hoje vivemos apreensivos e por dentro somos muito mais ansiosos. As mãos calejadas foram o símbolo dos pioneiros, mas a marca do homem moderno são as feições de preocupação. Deus jamais prometeu nos livrar de todos os problemas, lutas e dificuldades. E para falar a verdade, às vezes chego a pensar que os verdadeiros cristãos são aqueles que entram mais em conflito com a sociedade do que qualquer outra pessoa. A sociedade segue uma direção, e os cristãos caminham em outra totalmente oposta. E isso gera desgaste e conflito. Deus prometeu que em meio aos conflitos e problemas nos daria a verdadeira paz e um sentimento de segurança e certeza, que as pessoas deste mundo não conhecem.

Oração do dia
Senhor Jesus, ensina-me a manter meus olhos fixos em ti e não em mim mesmo e em minhas ansiedades. Ajuda-me a permitir ao Senhor dar-me paz de espírito e de coração hoje.

23 de ABRIL

Eu, eu sou aquele que vos consola.
ISAÍAS 51:12

Também há consolo quando estamos de luto, pois no momento de pranto Deus nos dá uma canção. Sua presença em nossa vida torna nosso pranto em canto, e este canto é uma canção de consolo. Foi este tipo de consolo que levou um inglês piedoso a olhar para o buraco profundo onde ficava sua casa antes de um bombardeio e dizer: "Eu sempre quis ter um porão. Agora posso muito bem construir minha casa como sempre quis." Foi este tipo de conforto que levou a jovem esposa de um pastor de uma igreja perto da nossa casa a dar aula para as jovens da sua classe de Escola Dominical no dia em que seu marido foi sepultado. Seu pesar não era algo do tipo em que não há esperança — mas um pranto de fé na bondade e na sabedoria de Deus, que nos leva a crer que nosso Pai celestial não comete erros.

Oração do dia
Pai celestial, ninguém conhece a dor e a agonia pelo sacrifício do Teu amado Filho, Jesus Cristo — graças te dou pelo consolo que envolve todo aquele que te ama.

24 de ABRIL

*E, não o tendo encontrado,
voltaram a Jerusalém à sua procura.*
LUCAS 2:45

Nós também podemos enfrentar isso, os conflitos têm se infiltrado na vida de nossa igreja. É bem verdade que a igreja hoje é a igreja militante. Mas, como tal, a sua guerra deve ser para promover a verdade revelada e a santidade divina, e não as brigas internas e as disputas carnais. Lemos em Lucas 2 que uma vez José e Maria perderam Jesus. E onde foi que eles o perderam? No lugar mais improvável de todo o mundo — no Templo. Já vi muitas pessoas perderem Jesus na igreja. Já vi muitos perderem-no na disputa de quem seria o regente do coral, de quem tocaria o órgão, de quem seria o diácono, ou quem seria o pastor. Sim, por sermos humanos, mesmo sendo cristãos, é fácil perdermos Jesus de vista até na igreja!

Oração do dia
Senhor, não permitas que eu te perca de vista na correria do dia a dia.

25 de ABRIL

...ofereçamos a Deus, sempre, sacrifício de louvor, que é o fruto de lábios que confessam o seu nome. HEBREUS 13:15

Jesus sabia que uma das verdadeiras evidências da nossa submissão a Deus é a nossa disposição em compartilhar com outras pessoas. Se não tivermos compaixão pelos outros, isso prova que nunca experimentamos da compaixão de Deus. Ralph Waldo Emerson devia estar analisando a debilidade da misericórdia humana quando disse: "O que você é fala tão alto que não consigo ouvir o que você diz." Satanás não se importa com o quanto você teoriza sobre o cristianismo ou com o quanto você conhece Jesus. O que ele se opõe com todas as suas forças é à maneira com que refletimos Jesus em nossa vida. Algum tempo atrás uma senhora me escreveu: "Tenho 65 anos. Meu marido faleceu, meus filhos são todos casados e eu sou uma das pessoas mais solitárias deste mundo". Então, sugeri que ela encontrasse uma forma de compartilhar sua fé e seus bens materiais com as pessoas ao seu redor. Ela me escreveu algumas semanas depois e disse: "Eu sou a mulher mais feliz da minha cidade. Encontrei novo prazer e alegria ao compartilhar com as pessoas." Foi justamente isso o que Jesus prometeu!

Oração do dia
Pai, não há maior alegria do que compartilhar o Teu amor. Ajuda-me a transmitir isso sempre que me relacionar com os outros.

26 de ABRIL

*Os céus proclamam a glória de Deus,
e o firmamento anuncia as obras das suas
mãos. Um dia discursa a outro dia, e uma noite
revela conhecimento a outra noite. Não há
linguagem, nem há palavras, e deles não se ouve
nenhum som.* SALMO 19:1-3

Há uma linguagem na natureza que revela a existência de Deus. É a linguagem da ordem, da beleza, da perfeição, da inteligência. Algum tempo atrás, um cientista me disse que quando começou a dar a devida importância à ordem magnífica do Universo e como ela obedece a uma lei imutável, ele não pôde deixar de acreditar em Deus. Ele descobriu que o Senhor fala através da natureza. Deus fala por meio da estabilidade e harmonia das estações do ano; da precisão em que o Sol, a Lua e as estrelas se movimentam; na chegada certa da noite e do dia, do equilíbrio entre o consumo de oxigênio que dá vida ao ser humano e sua produção feita pelas plantas que há na Terra; e até do choro de um recém-nascido com toda a dimensão que isso alcança dentro do milagre da vida.

Oração do dia
*Deus, a beleza deste dia sempre será um constante
lembrete do Teu esplendor.*

27 de ABRIL

Quanto a mim, porém, sou como a oliveira verdejante, na Casa de Deus; confio na misericórdia de Deus para todo o sempre.
SALMO 52:8

Pegue sua Bíblia e leia as histórias maravilhosas de homens que se viram sozinhos em lugares profanos, mas que com ajuda e a presença do Deus vivo deram uma contribuição formidável à época em que viveram. José viveu cercado de pecado e intrigas no Egito; tanto que a esposa do seu senhor tentou seduzi-lo. Ele foi posto à prova na prisão, mas mesmo em meio a tudo isso confiou em Deus, procurou conhecê-lo mais e fazer Sua vontade. Até hoje José é um grande exemplo de como guardar e fortalecer o poder de Deus no coração de um homem que crê no Senhor.

Oração do dia
Estenderei minhas mãos para ti nos dias de escuridão, amado Senhor, pois sei que estarás comigo.

28 de ABRIL

*O qual se entregou a si mesmo
pelos nossos pecados.*
GÁLATAS 1:4

Há muitos anos, o rei Carlos V pegou emprestado uma grande soma de dinheiro com um mercador de Antuérpia. A nota promissória não tardou a chegar, mas o rei estava falido e não tinha como pagar. O mercador deu um grande banquete para o rei, e quando todos os convidados se sentaram e antes da comida ser servida, ele pegou uma travessa que estava na mesa e colocou fogo nela. Então tirou do bolso a nota promissória e colocou no fogo até que virasse cinzas. O rei o abraçou e chorou nos braços do seu benfeitor. Da mesma forma, devíamos para Deus. A dívida era justa, mas não conseguíamos pagar. Há 2.000 anos Deus convidou o mundo para a festa do evangelho, e em meio ao sofrimento da cruz, Ele tomou para si os nossos pecados até que o último vestígio da nossa culpa fosse consumido.

Oração do dia
*Em gratidão, eu me prostro perante a ti,
Senhor Jesus Cristo.*

29 de ABRIL

Restitui-me a alegria da tua salvação e sustenta-me com um espírito voluntário.
SALMO 51:12

É bastante comum alguém desistir dos seus estudos na juventude. E as razões são muitas. Talvez a sua exposição à incredulidade tenha influenciado mais do que a exposição à crença. E é isso que geralmente acontece, pois a Bíblia diz que "enganoso é o coração, mais do que todas as coisas" (JEREMIAS 17:9). O coração do homem foi preparado pelo pecado para aceitar tanto a incredulidade como a fé. Aqueles que desistem dos seus estudos com toda certeza são influenciados por alguém que respeitam muito; o que os leva por um tempo a ver sua preparação como bobagem. Como alguém disse certa vez: "Pouco aprendizado pode afastar alguém da presença de Deus, mas o pleno conhecimento pode trazê-lo de volta". Alguns dos cristãos mais fervorosos que conheço são pessoas que em algum momento da vida questionaram a Bíblia, Jesus e Deus. Mas que continuaram estudando o assunto e encontraram a prova irrefutável de que somente o insensato diz "...no seu coração: Não há Deus..." (SALMO 14:1).

Oração do dia

Hoje, oro por todas as pessoas que são questionadoras, Senhor, lembrando-me do tempo em que a incredulidade reinava em minha vida.

30 de ABRIL

Sede sóbrios e vigilantes. O diabo, vosso adversário, anda em derredor, como leão que ruge procurando alguém para devorar.
1 PEDRO 5:8

Certa vez fui a um hospital no Havaí e aproveitei para ler novamente sobre os eventos chocantes que levaram à destruição da frota americana em Pearl Harbor. Os japoneses o atacaram naquele dia fatídico de 7 de dezembro de 1941. Hoje sabemos que o ataque aconteceu porque houve uma falha na vigilância, que deveria ser constante. O resultado foi a destruição da frota americana; e a negligência foi o que causou tamanha tragédia. Quando o conforto, o bem-estar e o prazer são colocados à frente do dever e dos ideais, o progresso sempre retarda. O que nos leva, como cristãos, a darmos ombros e não fazermos nada quando deveríamos arregaçar as mangas para trabalhar? O que nos leva ao comodismo quando há cargas para levar, o mundo para ganhar e cativos a serem libertos? Por que há tanta gente entediada quando os dias exigem ação? Jesus nos disse que nos últimos dias haveria uma atitude de indiferença em relação à vida.

Oração do dia
Pai, arranca a apatia que tem cegado a minha visão.

1º de MAIO

Vinde a mim, todos os que andais em trabalho...
MATEUS 11:28 (TB)

Jesus teve muito a dizer sobre o trabalho. Ele sabia que quem trabalha precisa de descanso e lazer. O Dia do Trabalho é uma data celebrada em vários lugares do mundo. Neste dia, as rodas da indústria param e todos se lembram da grande contribuição que o trabalho fez para a construção de grandes nações. O próprio Jesus era um trabalhador, e Sua biografia nos conta que Ele era carpinteiro. Não seria ótimo ter passado um dia na pequena carpintaria de José para ver o Senhor trabalhando com o martelo e o serrote? Por vezes nos esquecemos que Jesus era humano e divino ao mesmo tempo. Ele tinha calos nas mãos. Se o formão escorregasse e Ele cortasse a mão, Seu sangue seria vermelho e quente como o nosso. O Senhor sabia o que era trabalhar por longas horas e depois chegar, à noite, cansado e esgotado.

Oração do dia

Senhor Jesus, lembrar do trabalho que tu realizaste nesta Terra me faz perceber que todo trabalho é sagrado se feito como para ti. Ajuda-me a descansar para que, revigorado, possa te agradar em tudo que eu fizer.

2 de MAIO

Quando contemplo os teus céus...
SALMO 8:3

Quando olhamos através de um microscópio eletrônico, descobrimos um mundo tão pequeno que só um aparelho assim poderia nos revelar. Por exemplo, ele nos revela que um simples floco de neve, que cai numa nevasca com mais 20 milhões de flocos, equivale a 20 bilhões de elétrons. Os cientistas têm aprendido que o minúsculo mundo de uma simples célula viva é tão impressionante quanto o próprio ser humano. Deus nos diz que podemos aprender muito sobre Ele apenas observando a natureza. E como Ele tem falado através do Universo, não há desculpa para que toda a humanidade deixe de crer nele. Por isso, o salmista disse: "Diz o insensato no seu coração: Não há Deus..." (14:1).

Oração do dia
A beleza minuciosa da Tua criação revela ao meu coração a certeza da Tua presença, Deus Todo-Poderoso e eterno.

3 de MAIO

*Diz o insensato no seu coração:
Não há Deus. Corrompem-se e praticam
iniquidade; já não há quem faça o bem.*
SALMO 53:1

Somos como formiguinhas nesta minúscula partícula de pó do Universo, chamada planeta Terra. Temos título de doutorado, mas passamos pelo palco da vida e dizemos: "Bem, eu não sei se Deus existe ou não." Não conseguimos sequer nos controlar, nem mesmo evitar que mandemos tudo pelos ares, pois não podemos evitar a fabricação de armas nucleares que têm o poder destruir o mundo. Não conseguimos deixar de nos odiar, de lutar uns contra os outros e nos matar. Não conseguimos deixar de roubar uns dos outros e muito menos de morrer, pois todos nós vamos morrer um dia. Não é surpresa alguma então a Bíblia afirmar que "diz o insensato no seu coração: Não há Deus" (SALMO 14:1), pois o homem que nega a existência de Deus de fato é um insensato.

Oração do dia
Deus Todo-Poderoso, ajuda-me a viver de maneira que todos venham a te conhecer e aceitar a ti quando eu lhes falar da Tua existência.

4 de MAIO

Mas, agora, em Cristo Jesus, vós, que antes estáveis longe, fostes aproximados pelo sangue de Cristo. Porque ele é a nossa paz.
EFÉSIOS 2:13,14

Discursos vazios sobre a paz não a trarão a este mundo. Comunistas marcharam ao redor da praça de são Jorge em Glasgow, na Escócia, carregando suas bandeiras com a frase: "Nosso lema é a PAZ!" Na hora, meus pensamentos me levaram até a Coreia, onde vi o caos e o sofrimento por aqueles que hoje usam a palavra "paz" em seu lema. Paz é muito mais do que três letras brancas pintadas num pedaço de pano vermelho carregado por um fanático marchando num desfile comunista. Não é uma mera interrupção das hostilidades, uma pausa momentânea numa guerra fria ou quente. Ao contrário, é algo positivo. É trazer alguém para ter um relacionamento específico com Deus. É uma realidade espiritual no coração humano que entrou em contato vital com o eterno Deus.

Oração do dia
Tua paz infinita transcende as promessas da humanidade, Senhor Jesus.

5 de MAIO

Guardai-vos no amor de Deus...
JUDAS 21

Certa vez, um casal visitou um orfanato na esperança de adotar uma criança. Ao conversar com o menino que escolheram, eles falaram sobre as coisas maravilhosas que podiam lhe dar. Mas para sua surpresa, o jovenzinho lhes disse: "Se vocês não têm mais nada a me oferecer além de casa, roupa, brinquedos e outras coisas que os outros meninos também possuem — por que eu deveria ir com vocês?" "O que mais você poderia querer além destas coisas?" — Perguntou a mulher. "Eu só quero alguém que me dê amor", respondeu o menino. Aí está! Até um menino sabe que o "...ser humano não vive só de pão..." (MATEUS 4:4 NTLH). Nosso anseio e desejo mais profundo só podem ser realizados se renovarmos nosso relacionamento com Aquele em cuja imagem fomos criados: Deus.

Oração do dia

Deus, obrigado por me amares. Sempre fico maravilhado quando me lembro disso. Eu te amo e te louvo, Pai celestial.

6 de MAIO

*Sabei que o SENHOR é Deus; foi ele quem nos fez,
e dele somos.* SALMO 100:3

Sempre que alguém me pergunta por que eu tenho tanta certeza de quem é Deus realmente, eu me lembro da história do menino que soltava pipa. Era um belo dia para soltar pipa; estava ventando bastante e uma densa nuvem cruzava o céu. A pipa subiu tão alto que foi totalmente encoberta pelas nuvens. "O que você está fazendo?" — perguntou um homem ao menino. "Estou soltando pipa", respondeu ele. "Você está mesmo soltando pipa?" — perguntou novamente. "Você tem certeza disso? Não dá nem para ver sua pipa." "Não", disse o menino, "mas toda vez que sinto um puxão na linha, eu tenho certeza que ela está lá!" Não aceite a palavra de ninguém senão a de Deus. Busque-o você mesmo, e então quando sentir um puxão sublime e amoroso na linha do seu coração, você saberá que Ele está lá.

Oração do dia
*Pai celestial, quando te busco sinto o "puxão" do Teu
Santo Espírito, e isso me dá a certeza da Tua presença!*

7 de MAIO

*Se, pois, o Filho vos libertar,
verdadeiramente sereis livres.*
JOÃO 8:36

A marca de um verdadeiro cristão se encontra no relacionamento íntimo que ele tem com a Pessoa de Jesus. O cristianismo é Cristo, e Cristo é o cristianismo. Quando digo que Jesus é mais do que os preceitos que ensinou, falo isso com toda a reverência. Tudo que o Senhor disse é verdade, e sem Ele até mesmo a verdade não teria poder algum. O homem conhece o poder da verdade, e é ela que o liberta. Jesus disse: "Eu sou a verdade".

Oração do dia
Obrigado, Senhor, pelas algemas que foram quebradas em minha vida!

8 de MAIO

Levantam-se seus filhos e lhe chamam ditosa.
PROVÉRBIOS 31:28

Somente o próprio Deus aprecia plenamente a influência da mãe cristã ao moldar o caráter dos seus filhos. Alguém disse certa vez: "Tal mãe, tais filhos". A maioria dos personagens ilustres e grandes líderes da história teve mães admiráveis e tementes a Deus. Dizem que a mãe de George Washington era uma mulher piedosa, e que a mãe de sir Walter Scott amava poesia e música. Por outro lado, dizem que a mãe de Nero era uma assassina e que a dissoluta mãe de Lord Byron era uma mulher orgulhosa e violenta. Não há como mensurar a influência de uma mãe na vida de seus filhos. Eles aprendem e absorvem seu exemplo e atitudes no que se refere à honestidade, à temperança, à bondade e à dedicação.

Oração do dia

Obrigado, Senhor, pelas mães que te amam. A influência dessas mulheres pode ser sentida no mundo todo.

9 de MAIO

*O reino do mundo se tornou de nosso Senhor
e do seu Cristo, e ele reinará
pelos séculos dos séculos.*
APOCALIPSE 11:15

O cristianismo é um evangelho de crise. Ele proclama sem medo de errar que os dias deste mundo estão contados. Toda sepultura que há no cemitério prova que a Bíblia é a verdade. Nossos dias neste planeta estão contados. O apóstolo Tiago diz que a vida é como neblina que aparece por um instante e logo se dissipa (TIAGO 4:14). O profeta Isaías diz que nossa vida é como a erva que seca e as flores que caem (ISAÍAS 40:6,7). Não há dúvida alguma de que as nações também chegam ao fim quando não servem mais ao propósito que Deus designou para elas. O fim virá com a volta de Jesus Cristo. Ele estabelecerá um reino de retidão e justiça social onde não haverá mais ódio, ganância, inveja e morte. Por isso, o cristão pode ser otimista e até mesmo sorrir diante de tudo que está acontecendo. Sabemos muito bem o que está por vir, que no fim a vitória será do nosso Senhor Jesus Cristo!

Oração do dia
*Por mais que o mundo ao meu redor esteja um caos,
Tua paz inunda meu coração ao contemplar Tua
volta triunfante!*

10 de MAIO

*Porque dele, e por meio dele,
e para ele são todas as coisas. A ele, pois,
a glória eternamente. Amém!*
ROMANOS 11:36

Você já se perguntou por que Deus nos colocou neste planeta? Qual o propósito de estarmos aqui? Estamos aqui porque Deus é amor. Pode até ser que haja vida em outros planetas, mas eu creio que o homem é único, no sentido de que foi criado à imagem de Deus. O Senhor criou este planeta como se aqui houvesse "pequenos deuses" a quem Ele pudesse amar e de quem recebesse amor. Reverentemente falando, Deus estava sozinho. Ele queria alguém para amar e ser amado por Ele. Isso pode parecer incrível, mas a Bíblia diz que Deus amou, e então criou este planeta e nos colocou aqui.

Oração do dia
Eterno Deus, de coração eu te amo, pois todos os dias trazes alegria à minha alma.

11 de MAIO

*Passará o céu e a Terra, porém
as minhas palavras não passarão.*
MATEUS 24:35

O tempo está acabando. Os segundos começam a correr depois da meia-noite. A humanidade está prestes a dar o salto decisivo. Que caminho vamos tomar? Ainda resta alguma autoridade? Há algum caminho que possamos seguir? Será que existe um manual que possa revelar o segredo dos nossos dilemas? Existe alguma fonte de autoridade a qual podemos recorrer? Fomos colocados aqui por uma força ou um criador desconhecido sem a menor pista de onde viemos, por que estamos aqui e para onde vamos? A resposta é "não". Nós temos o manual; sabemos o segredo. Também temos uma fonte material de autoridade. Tudo isso se encontra num livro antigo e histórico chamado Bíblia. Este livro chegou a nós através dos séculos. Ele passou pelas mãos de muita gente, apareceu de várias formas e sobreviveu a todo tipo de ataque. Nem o vandalismo bárbaro nem a sabedoria civilizada o tocaram. Nem o fogo ardente ou o escárnio do ceticismo conseguiram destruí-lo. Suas gloriosas promessas permaneceram imutáveis ao longo de todas as eras de trevas da humanidade.

Oração do dia
*Perdoa-me, Senhor, porque muitas vezes não dou valor
ao privilégio que tenho de poder ler minha Bíblia.*

12 de MAIO

*...para que me seja dada, no abrir da minha
boca, a palavra, para, com intrepidez, fazer
conhecido o mistério do evangelho.*
EFÉSIOS 6:19

A palavra *mistério* significa algo além da compreensão ou conhecimento humanos. Os mistérios de Deus confundem os incrédulos, mas abençoam os cristãos. Não podemos entender o mistério da justiça, assim como alguns outros mistérios de Deus, mas sabemos que ele funciona. Ficamos maravilhados com este grande mistério no qual Deus muda o coração do homem, suas atitudes, seus desejos e sua natureza. Deus, o Deus santo que ama a justiça e odeia a iniquidade, nos moldou novamente conforme a Sua imagem pelo processo da redenção. Que coisa gloriosa! Por gerações Ele vem aplicando Sua justiça ao coração do homem. Até nos dias de hoje, com a vida tão complicada, Deus ainda trabalha para mudar o coração de homens e mulheres através do mistério da justiça.

Oração do dia
*Dá-me Tua coragem para contar a todos o segredo da
alegria eterna em Cristo Jesus.*

13 de MAIO

*Vós me chamais o Mestre e o Senhor
e dizeis bem; porque eu o sou.*
JOÃO 13:13

O Espírito Santo jamais nos levará a fazer algo contrário à vontade de Deus. Eu ouço as pessoas dizendo: "O Senhor me mandou fazer isso [...] Foi o Senhor que me disse isso e aquilo outro". Sempre desconfio um pouco, se o que Deus supostamente disse não está em concordância com Sua Palavra. Deus nunca nos leva a fazer algo contrário à Sua Palavra. O profeta Samuel disse certa vez que "obedecer é melhor do que sacrificar" (1 SAMUEL 15:22). E a Bíblia nos ensina que "se alguém quiser fazer a vontade de Deus, conhecerá a respeito da doutrina" (JOÃO 7:17). Quando estivermos num beco sem saída e não soubermos que caminho seguir, se estivermos dispostos a fazer a vontade de Deus, Ele se revelará a nós. Sua verdade só está oculta àqueles que querem saber o que Ele vai dizer antes de aceitar fazer Sua vontade. Seja um cristão obediente! E nunca se esqueça de que "onde Deus nos levar, Ele proverá. Onde Ele nos guiar, todas as nossas necessidades serão supridas!"

Oração do dia

*Que eu esteja plenamente atento à Tua Palavra, Deus
Todo-Poderoso, para que toda decisão que eu tomar seja
conforme a Tua vontade.*

14 de MAIO

*Amai-vos cordialmente uns aos outros
com amor fraternal.*
ROMANOS 12:10

Levar uma vida cristã produtiva em casa, com a família, é o teste mais penoso para todos os cristãos. É muito mais fácil levar uma vida respeitável entre os amigos, quando você procura sempre causar a melhor impressão e se preocupa com a opinião dos outros do que viver para Jesus na sua casa. Os membros da sua família sabem muito bem se Cristo vive em você ou através de sua vida. Se você é um verdadeiro cristão, certamente quando está em casa não fica mal-humorado, impaciente, tentando encontrar culpados, sendo sarcástico, desconfiando dos outros, sendo rude, egoísta ou preguiçoso. Ao contrário, você manifesta em sua vida diária o fruto do Espírito, que é amor, alegria, longanimidade, e todas as outras virtudes cristãs que constituem uma personalidade semelhante à de Cristo.

Oração do dia
*Minha família conhece o meu verdadeiro eu, Senhor.
Mas eles merecem muito mais. Que eu possa viver
tão junto a ti que Teu amor flua na vida deles
através de mim.*

15 de MAIO

*...e todas as nossas justiças,
como trapo da imundícia...*
ISAÍAS 64:6

A Bíblia nos ensina que toda a nossa justiça — já que é destituída do padrão divino — não passa de trapo de imundícia aos olhos de Deus. E não há possibilidade alguma de produzirmos alguma justiça, santidade ou bondade que o satisfaça. Até o melhor de nós é impuro para Deus. Lembro-me de um dia em que minha esposa estava lavando a roupa. Dentro de casa elas pareciam brancas e limpas, mas quando foram penduradas no varal, comparadas à neve que cobria o chão, pareciam sujas e manchadas. Às vezes, nossa vida pode até parecer moralmente boa e decente, mas quando comparada com a santidade e a pureza de Deus, somos vis e imundos. Porém, apesar dos nossos pecados e impureza moral, Deus nos ama. Por isso, decidiu providenciar justiça para nós. E esta é a razão de Ele ter enviado Seu Filho Jesus Cristo para morrer na cruz.

Oração do dia
Minha vida é como um manto cinza diante da candura da Tua pureza, Senhor Jesus. Purifica-me neste dia.

16 de MAIO

*De maneira que a lei nos serviu
de aio para nos conduzir a Cristo, a fim
de que fôssemos justificados por fé.*
GÁLATAS 3:24

Deus sabia que era impossível guardar a Lei quando a deu ao homem. Muitos então não entendem por que Ele deu a Lei se sabia que o homem não tinha condição de guardá-la. A Bíblia nos ensina que a Lei nos foi dada como um espelho; olho para ela e vejo minha condição espiritual. Vejo como estou distante de Deus e isso me leva a buscar perdão aos pés da cruz de Cristo. A Bíblia também nos ensina que foi por isso que Jesus veio a esta Terra — para redimir aqueles que estavam debaixo da Lei. O homem não podia guardá-la, ele estava condenado por ela.

Oração do dia

Como eu preciso que tu me guies, Senhor. Ensina-me a estar sempre atento à Tua liderança.

17 de MAIO

Servindo de boa vontade, como ao Senhor.
EFÉSIOS 6:7

Um verdadeiro sacramento não é um simples credo, ordenança ou ritual, mas uma vida de serviço a Deus e à humanidade. A oração mais eficaz é aquela feita através de mãos que curam e abençoam. A forma mais sublime de adoração é o serviço cristão altruísta. A forma mais suprema de adoração é o som de pés consagrados que buscam os perdidos e desamparados. Se não aplicarmos nossa fé de uma maneira prática nos dias atuais, ela jamais permanecerá diante do que está por vir. Os fariseus eram mestres em aparecer, mas inúteis em servir. O que precisamos é de menos palavras e mais obras de caridade, menos debate e mais compaixão, menos repetição do nosso credo e mais misericórdia.

Oração do dia
Conversas constantes abafam os gritos de socorro, e eu sou culpado por isso, Senhor. Quero adorar-te em tudo que faço. Que a Tua misericórdia esteja em minhas mãos quando eu estendê-las, Senhor!

18 de MAIO

Filhinhos, não amemos de palavra, nem de língua, mas de fato e de verdade.
1 JOÃO 3:18

A Bíblia afirma que quem segue a Jesus deve amar seu semelhante como Deus nos amou quando enviou Seu Filho para morrer na cruz. Também vemos nas Escrituras que o amor sobrenatural de Deus foi derramado em nosso coração pelo Espírito Santo quando o Senhor veio a este mundo. A maior demonstração de que somos cristãos é quando amamos uns aos outros. Por que não fazermos um esforço a mais para sermos amigos de alguém cuja cor da pele é diferente da nossa? O amor tem mais poder de resolver problemas do que qualquer outra coisa. De todos os dons que Deus concede a Seus filhos, o amor é o maior deles. De todos os frutos do Espírito, o amor é o primeiro.

Oração do dia

Jesus, amado Senhor, ensina-me o verdadeiro amor — o meu, geralmente, é muito superficial.

19 de MAIO

...servindo ao Senhor;
regozijai-vos na esperança.
ROMANOS 12:11,12

Com o passar do tempo, cada geração se torna mais viciada aos sedativos da vida para aliviar a dor da realidade que enfrenta. Oprimida por um sentimento de inutilidade e frustração por não realizar seus propósitos, a humanidade se encontra sem um grande objetivo ou compromisso que lhe dê direção, uma motivação interior que traga algum sentido à sua existência. Mas Jesus pode nos salvar desse tédio que nos destrói. Ele quer nos dar um novo senso de direção e tirar toda a insatisfação da nossa vida. Há pouco tempo conversei com um homem do meu bairro que entregou sua vida Jesus. "Eu não sabia o que fazer quando tinha tempo livre", disse-me ele, "mas agora eu tenho um senso de compromisso e propósito que nunca senti antes."

Oração do dia

Até o serviço mais simples, que hoje realizo, faz parte da obra que faço para ti, Senhor. Ajuda meu coração a ser cheio do Teu Espírito para que eu possa me alegrar por toda obra que me for proposta.

20 de MAIO

*...maior é aquele que está em vós do que aquele
que está no mundo.*
1 JOÃO 4:4

O apóstolo Paulo disse certa vez que "a carne milita contra o Espírito, e o Espírito, contra a carne, porque são opostos entre si; para que não façais o que, porventura, seja do vosso querer" (GÁLATAS 5:17). Esta é a luta que enfrentamos ou a pressão que sofremos, seja com muita ou pouca intensidade. Podemos ver então que a Bíblia explica a morosidade espiritual que sentimos. Mas isso não significa que devemos aceitar esta situação como algo natural. Temos que nos preparar de todas as formas possíveis para esta batalha, pois a Palavra de Deus diz que "a nossa luta não é contra o sangue e a carne, e sim [...] contra as forças espirituais do mal..." (EFÉSIOS 6:12). A Bíblia nos diz em Efésios 6 como devemos nos preparar. Enquanto isso, nunca se esqueça de que "onde abundou o pecado, superabundou a graça" (ROMANOS 5:20). Você pode ter vitória completa! Sabemos que se nos submetermos a Deus, o diabo fugirá de nós. Também há uma promessa de que o "...pecado não dominará vocês..." (ROMANOS 6:14).

Oração do dia

*Senhor, como Paulo eu batalho diariamente
contra Satanás. Submeto a ti tudo que há em minha
vida, pois sei que esta batalha já foi vencida.*

21 de MAIO

Chegando-vos para ele, a pedra que vive,
rejeitada, sim, pelos homens, mas para com
Deus eleita e preciosa...
1 PEDRO 2:4

Nenhum personagem da história se destaca mais do que Jesus Cristo. Os agnósticos e ateus encontraram erros nos conceitos cristãos, porém jamais puderam encontrar um erro sequer na Pessoa de Cristo Jesus. Eles encontraram erros nos cristãos, mas nunca no Senhor. Jesus de Nazaré está muito acima dos métodos, dos conceitos e dos Seus seguidores. Ele representa o momento decisivo da história. Todo mundo tem que se curvar diante da Sua soberania. E já que o cristianismo é Cristo, os que desejam ser cristãos precisam aceitá-lo e segui-lo como uma Pessoa. Ele, somente Ele, pode suprir todas as necessidades do ser humano.

Oração do dia

Apenas tu, Senhor Jesus, podes suprir todas as
necessidades do coração do homem. Tu me supriste
tanto nos momentos mais solitários como nos mais
felizes da minha vida.

22 de MAIO

Nossa alma espera no SENHOR...
SALMO 33:20

Eu sou uma alma — e tenho um corpo! O corpo é a casa em que a alma habita. Quando Oliver Wendell Holmes tinha 80 anos, um amigo o cumprimentou e disse: "Como você está?" "Eu estou bem", respondeu Holmes. "A casa em que moro está velha e caindo aos pedaços, mas Oliver Wendell Holmes está muito bem, obrigado". Nestes dias em que o materialismo impera, geralmente esquecemos de que o nosso verdadeiro ser, que sempre existirá, é invisível. Empenhamos muito esforço, tempo e dinheiro para manter nossa vida física, mas muitos não dão a devida importância à saúde e ao sustento espiritual. Por isso que os consultórios médicos estão lotados e muitos gabinetes pastorais, vazios. Quando Deus criou o homem, Ele o fez um ser único, diferente de todos os animais. "E lhe soprou nas narinas o fôlego de vida, e o homem passou a ser alma vivente" (GÊNESIS 2:7). O Criador dotou o homem de inteligência, consciência e vontade. Ele o criou semelhante a si mesmo — companheiro, amigo de Deus. Na ressurreição, isso que é mortal será revestido de imortalidade, então seremos como Ele e viveremos com Ele para todo o sempre.

Oração do dia
Que expectativa maravilhosa quando penso que serei como tu para sempre, meu amado Senhor Jesus!

23 de MAIO

*...amarás o Senhor, teu Deus [...]
Amarás o teu próximo...*
MATEUS 22:37,39

Eis a resposta para os problemas que o mundo enfrenta atualmente: "Amarás o Senhor teu Deus", "amarás o teu próximo". E este ensinamento não está ultrapassado; ele é totalmente importante hoje em dia. É a única maneira de resolver os problemas do mundo atual, sejam eles problemas do ser humano ou das nações. Mas só seremos capazes de amar nosso próximo se amarmos a Deus de todo o nosso coração. O verdadeiro amor encontra uma forma de servir — não apenas frequentando a igreja, cantando louvores ou até mesmo orando — mas fazendo o melhor para provar nosso amor, obedecendo à vontade do nosso Pai celestial.

Oração do dia
O verdadeiro amor exige tudo que possuo. Senhor amado, tira tudo que está em oculto na minha vida e que me impede de amar a ti e ao meu próximo como devo. Que eu venha a obedecer-te com toda sinceridade.

24 de MAIO

...no dia da adversidade [...] cantarei e salmodiarei ao Senhor.
SALMO 27:5,6

Nenhum cristão está imune à depressão. A verdade é que o curso que este mundo tem tomado e a crescente onda do mal já são suficientes para alguém levar isso muito a sério, seja cristão ou não. Davi, o cantor mais amável de Israel, nem sempre conseguia controlar sua depressão. Às vezes, suas canções delicadas e alegres se tornavam um pranto depressivo. "As minhas lágrimas têm sido o meu alimento dia e noite, enquanto me dizem continuamente: O teu Deus, onde está? [...] Por que estás abatida, ó minha alma? Por que te perturbas dentro de mim? Espera em Deus, pois ainda o louvarei, a ele, meu auxílio e Deus meu" (SALMO 42:3,5). Descobri que a cura para a depressão é o louvor. Em outras palavras, ocupe seu tempo contando suas bênçãos recebidas e os pensamentos de tristeza e desânimo desaparecerão.

Oração do dia

Pai celestial, obrigado pelos salmos que me fazem ver que até mesmo das profundezas Davi falou contigo. Sejam quais forem as minhas circunstâncias, aprenderei a te louvar.

25 de MAIO

*E conhecer o amor de Cristo,
que excede todo entendimento, para que sejais
tomados de toda a plenitude de Deus.*
EFÉSIOS 3:19

Para apreciar a arte, é preciso nascer com uma sensibilidade artística ou desenvolvê-la através de treinamento. Apenas um número muito pequeno de pessoas possui uma sensibilidade inata para cores, formas e harmonia. E para tais pessoas, o amor à arte é algo natural. Se alguém não tiver sensibilidade na alma a apreciação artística, uma visita a uma galeria de arte pode ser entediante. Do mesmo modo, para apreciar uma boa música, é preciso ter a música "em si mesmo" ou desenvolver isso. Se alguém não tiver sensibilidade para apreciar a música, é bem provável que vá dormir durante um concerto filarmônico ou uma apresentação no Teatro Municipal. E é assim também com tudo que diz respeito a Deus. Falar de Deus pode ser algo chato e maçante se Ele não estiver em nós. A igreja pode se tornar uma coisa monótona e a Bíblia, um livro enfadonho se o Espírito Santo não iluminar sua alma com Sua doce presença. O maravilhoso sobre tudo isso é que Deus planejou a vida de modo que se nossos corações estivessem mortos para coisas espirituais, algo pudesse ser feito a respeito.

Oração do dia
*Senhor Deus Todo-Poderoso, que eu possa buscar-te
todos os dias e ser cheio do amor de Cristo.*

26 de MAIO

*Mas vós sois dele, em Cristo Jesus,
o qual se nos tornou, da parte de Deus,
sabedoria, e justiça, e santificação, e redenção...*
1 CORÍNTIOS 1:30

Mais e mais me convenço de que é verdade que pessoas mudam pessoas, assim como ideias podem mudar pessoas também. O poder que a personalidade exerce é muito forte. É possível encontrar muitos exemplos de que a personalidade geralmente é maior do que uma ideia. Este é o caso do cristianismo. O segredo por trás do poder do cristianismo não está em seus princípios morais. Também não está na filosofia ou conceitos cristãos, embora o cristianismo tenha uma série de conceitos filosóficos. O segredo do cristianismo se encontra numa Pessoa, o Senhor Jesus Cristo. O homem conheceu outros sistemas éticos e filosóficos, mas jamais conheceu outro Jesus Cristo. Nenhum outro na história pode ser comparado a Ele.

Oração do dia
*Ajuda-me a ocultar minha personalidade na Tua
quando eu falar às pessoas do Teu amor, Senhor Jesus.*

27 de MAIO

*Assim, pois, seguimos as coisas da paz e também
as da edificação de uns para com os outros.*
ROMANOS 14:19

O lar em sua essência é uma instituição sagrada, e o casamento perfeito é a união de três pessoas: um homem, uma mulher e Deus. É isso que torna o casamento santo. A fé em Cristo é o mais importante de todos os princípios para se construir um casamento bem-sucedido e um lar feliz. A força secreta de um país se encontra na fé que há no coração e nos lares da nação.

Oração do dia
*Que possamos amar uns aos outros através de ti, Senhor
Jesus, que nossos lares sejam um reflexo da glória do
Teu imensurável amor.*

28 de MAIO

*Toda boa dádiva e todo dom perfeito
são lá do alto...*
TIAGO 1:17

Deus, em Sua misericórdia e bondade, dotou cada ser humano de certos dons, talentos e habilidades. Mas não devemos usá-los de modo egoísta para o nosso próprio bem, mas para a glória de Deus e a edificação do Seu reino. Nossa personalidade, destreza e inteligência são dons que recebemos diretamente das mãos generosas de Deus. Mas se as usarmos em nosso próprio benefício, seremos culpados pelo nosso egoísmo. O melhor que um funcionário ou sócio minoritário tem a fazer é trabalhar para o benefício, o lucro e o sucesso do dono da empresa. Quando o proprietário ganha, todos os membros da empresa ganham. Sendo assim, já que somos mordomos dos nossos talentos, devemos investi-los para a glória, o louvor e a honra de Deus. Se Deus for glorificado, como Seus herdeiros seremos abençoados. Nosso falar, nosso servir e nossas habilidades devem ser empregados, antes de mais nada, para a glória de Deus.

Oração do dia
Pai, tudo que tenho foi tu que me deste. Agora, dá-me sabedoria para que eu use meus dons para satisfazer por completo a Tua vontade.

29 de MAIO

Pois nele vivemos, e nos movemos, e existimos.
ATOS 17:28

Meu pai comprou minha primeira bicicleta quando eu tinha 7 anos. Eu nunca tinha pedalado antes, e com toda a paciência, minha família e meus amigos tentaram me ensinar a arte de andar de bicicleta. Logo então percebi que teria que fazer algo se não quisesse cair: continuar indo em frente. Se parasse de pedalar, eu cairia e me machucaria. É assim também na vida cristã. Jamais conseguiremos alcançar as posições mais altas na vida se não continuarmos crescendo e seguindo sempre em frente. Você deveria estar mais perto de Deus hoje de coração, corpo e alma do que jamais esteve antes em toda a sua vida.

Oração do dia
Senhor, progredi muito devagar em minha caminhada contigo. Que eu me aproxime da luz do Teu amor e graça.

30 de MAIO

Sendo justificados gratuitamente, por sua graça, mediante a redenção que há em Cristo Jesus.
ROMANOS 3:24

A salvação é de graça! Deus não colocou uma etiqueta com o preço no Presente dos presentes — ele é gratuito! Os pregadores não são vendedores, pois não têm nada para vender. Eles são anunciadores das boas-novas, a notícia maravilhosa de que "Cristo morreu pelos nossos pecados, segundo as Escrituras" (1 CORÍNTIOS 15:3). O dinheiro não pode comprar a salvação. A justiça do homem não pode conquistá-la. O prestígio social não pode ajudar-nos a consegui-la. Os atributos morais não podem adquiri-la. A salvação é obtida, como disse Isaías, "sem dinheiro e sem preço" (ISAÍAS 55:1). Deus não é Deus de barganha. Não há nada que possamos trocar com Ele. E para negociar com Ele, tem que ser nos Seus próprios termos. O Criador abriga em Suas mãos onipotentes o inestimável, precioso e eterno presente da salvação, e convida você a tomar posse dele sem dinheiro e sem preço. As melhores coisas que há nesta vida são de graça, não é mesmo? O ar que respiramos não é vendido por metro cúbico. Não precisamos pagar pela água límpida que flui montanha abaixo. O amor é de graça, a fé é de graça, a esperança é de graça.

Oração do dia
Embora a salvação só pudesse ser alcançada pelo sacrifício mais caro que já foi feito, tu a deste a mim de graça, Senhor. Louvo-te por este presente que me deste por amor.

31 de MAIO

E, assim, se alguém está em Cristo,
é nova criatura; as coisas antigas já passaram;
eis que se fizeram novas.
2 CORÍNTIOS 5:17

O mundo diz que tudo que precisamos é ser decentes, respeitáveis e coerentes. Verdade, isso é tudo que alguém precisa fazer para ser membro da Grande Sociedade *[N.E.: A Grande Sociedade projeto social do presidente norte-americano Lyndon B. Johnson em 1965 que tinha como objetivo eliminar a pobreza, cuidar da saúde, ajudar a educação e acabar com injustiça racial.]*. Mas para fazer parte do reino de Deus, é preciso uma mudança interior. Certa vez, um comunista apontou para um mendigo no Hyde Park, em Londres, e disse: "O comunismo vai pôr um terno novo nesse homem." E um cristão que estava perto disse: "Sim, mas Jesus vai pôr um novo homem dentro do terno."

Oração do dia
Obrigado, Senhor Jesus, pela mudança que houve
dentro de mim quando aceitei a ti.

1º de JUNHO

*...a fim de lançar mão da esperança proposta;
a qual temos por âncora da alma, segura e firme
e que penetra além do véu, onde Jesus,
como precursor, entrou por nós.*
HEBREUS 6:18-20

No que você tem depositado sua esperança para o futuro? No governo do seu país, no sistema de educação, em algum plano econômico ou organização? Minha esperança está em Cristo Jesus, que está assentado à destra de Deus. Eu tenho esperança e sei que vou para o Céu. E bem aqui agora, nesta vida atual, Deus está presente para me ajudar. Vamos supor que não houvesse a Bíblia, nem a cruz, salvação ou túmulo vazio. Suponhamos que não temos nada para nos amparar a não ser nisso: "Tente fazer o seu melhor, procure dar um jeito, faça o que puder." Só que nós temos uma esperança. Existe o plano da redenção, um plano para o nosso futuro. O Novo Testamento é prazeroso de ler, está cheio de expectativa e esperança. E Deus se interessa por você!

Oração do dia
Pai celestial, ler Tua Palavra me fez entender que o mundo e toda angústia que ele causa são efêmeros. Dá-me motivação para levar a outros a Tua mensagem de esperança.

2 de JUNHO

Se agora, estamos vivendo pelo poder do Espírito Santo, sigamos a liderança do Espírito Santo em todos os aspectos da nossa vida.
GÁLATAS 5:25 (BÍBLIA VIVA)

Quando Bill Borden, filho dos riquíssimos Bordens, foi para a China como missionário, muitos de seus amigos acharam que ele era um tolo por "desperdiçar sua vida", como diziam, na tentativa de converter uns míseros pagãos ao cristianismo. Bill amava Jesus, e também amava as pessoas. Só que não demorou muito tempo e ele contraiu uma enfermidade comum no Oriente e acabou morrendo. Ao lado da sua cama, Bill deixou um bilhete que escreveu antes de morrer. Estava escrito: "Sem reserva, sem volta, sem arrependimento". Bill teve mais alegria nos poucos anos em que se sacrificou para fazer a obra do Senhor do que muitos tiveram em toda a sua vida.

Oração do dia
Ajuda-me a não calcular o custo de te servir, Senhor Jesus, mas que eu venha a me entregar totalmente à Tua liderança.

3 de JUNHO

*Porque a vida de um homem não consiste na
abundância dos bens que ele possui.*
LUCAS 12:15

Há duas maneiras de ficar rico: ter muito ou ter muito pouco. A segunda opção é a maneira mais fácil para a maioria de nós. Muitas pessoas levam uma vida miserável porque querem ter mais do que têm condição. Elas sofrem de "coisite", que é o desejo insaciável de ter o máximo das melhores e mais novas coisas que puderem. Jesus foi o homem mais satisfeito que já viveu, e Ele tinha menos do que a maioria de nós. "As raposas têm seus covis e as aves do céu, ninhos; mas o Filho do Homem não tem onde reclinar a cabeça" (MATEUS 8:20). Jesus aprendeu o segredo de adequar o que queria às Suas necessidades. E. Stanley Jones nos conta que um homem pobre recebeu um hóspede para passar a noite, e quando lhe mostrou a cama humilde no celeiro, disse-lhe: "Se precisar de mais alguma coisa, é só me dizer que lhe ensinarei o que fazer quando não se tem o que precisa." Não temos que aprender como conseguir mais; temos que aprender a usar o que temos e levar a vida adiante.

Oração do dia
*Pai, tu me deste muito mais do que mereço. Que eu
possa sempre demonstrar como meu coração se alegra e
é grato por isso.*

4 de JUNHO

*Assim fez Noé,
consoante a tudo o que Deus lhe ordenara.*
GÊNESIS 6:22

Um dia Deus falou com Noé sobre a maldade da raça humana. O que homens e mulheres estavam fazendo entristeceu muito Seu coração. Deus disse que enviaria um dilúvio e destruiria o homem, e mandou Noé construir uma arca para salvar sua família e os animais. E a Bíblia diz que Noé creu em Deus. Só que ele nunca tinha visto um dilúvio, muito menos 40 dias de chuva. Ele não tinha um mapa do tempo, uma foto de satélite ou um meteorologista para lhe dizer que uma grande tempestade estava a caminho. Tudo que ele tinha para obedecer era a palavra de Deus. Mas quando veio o dilúvio, Noé foi salvo com sua família e todas as gerações foram varridas da face da Terra. Noé foi salvo porque confiou em Deus. Os dias que ele viveu estão voltando a este mundo, e uma catástrofe tão grande como o dilúvio espera por aqueles que se recusam a entrar na arca da salvação, que é Jesus Cristo.

Oração do dia
Pai, perdoa-me porque tenho duvidado quando eu deveria confiar em ti, assim como Noé confiou.

5 de JUNHO

Tu, porém, sê sóbrio em todas as coisas, suporta as aflições, faze o trabalho de um evangelista, cumpre cabalmente o teu ministério.
2 TIMÓTEO 4:5

Toda obra de arte possui brilho e sombra. Uma vida feliz não é aquela que é sempre repleta de momentos felizes, mas a que usa o brilho e a sombra para produzir beleza. Os maiores músicos, via de regra, são aqueles que sabem tirar da tristeza belas canções. Fanny Crosby, cuja fé em Jesus ardia em seu espírito, enxergou mais em sua cegueira do que a maioria de nós que tem a visão perfeita. Ela nos presenteou com muitos dos mais belos hinos cristãos que alegram nossa vida e o coração. Numa sela infestada de ratos em Filipos, Paulo e Silas cantaram um louvor de adoração a Deus à meia-noite, acompanhando o açoite do carcereiro. Mas sua perseverança no sofrimento e na perseguição levou o guarda pagão a se converter.

Oração do dia

Que meu coração aprenda a cantar quando tudo ao meu redor parecer sombrio! Dá-me da Tua graça para que eu te louve, Senhor.

6 de JUNHO

Assim, pois, amados meus, como sempre obedecestes [...] desenvolvei a vossa salvação com temor e tremor.
FILIPENSES 2:12

Não são necessárias pesquisas para quem já conversou com jovens que praticam o sexo ilícito perceber o estrago que isso geralmente causa. É como um câncer no corpo, na mente e no caráter de quem incorre nisso, sem exceção. E há outras vítimas, testemunhas inocentes como pais, avós, membros da família, professores, conselheiros; todos eles mais preocupados do que você pode imaginar. Eles só querem o melhor para esses jovens. Qualquer coisa menos do que a união conjugal feliz lhes causará dor. A sabedoria de seus anos diz que o sexo antes do casamento é sempre um erro. A Bíblia ensina que Deus criou o sexo. Ele criou "macho e fêmea". Por isso que está escrito: "Viu Deus tudo quanto fizera, e eis que era muito bom" (GÊNESIS 1:31). Isso inclui o desejo sexual entre o homem e a mulher que Ele criou. Sendo assim, sexo não é pecado! É um presente de Deus para a raça humana. Deus criou o sexo para a procriação, para ser desfrutado dentro do vínculo do casamento, e para que o amor entre o casal seja completo.

Oração do dia
Pai celestial, eu posso desfrutar de todas as dádivas que me deste dentro dos parâmetros estabelecidos pelos Teus mandamentos. Ajuda-me para que eu jamais esqueça dos Teus ensinamentos.

7 de JUNHO

*Porque, se nós, quando inimigos,
fomos reconciliados com Deus
mediante a morte do seu Filho...*
ROMANOS 5:10

O verbo *reconciliar* significa literalmente "convidar para um relacionamento transformado". Significa unir duas partes que há muito deveriam estar juntas. A Bíblia descreve o ser humano como inimigo de Deus. Você até pode dizer que não é "inimigo" de Deus, mas as Escrituras dizem somos inimigos passivos ou ativos de Deus, sem Jesus. Sendo assim, reconciliação significa "voltar a ter um pleno relacionamento e comunhão com Deus". Foi isso que Jesus realizou na cruz. Como é emocionante pensar nisso!

Oração do dia

Tua cruz, amado Salvador, faz-me prostrar em humilde gratidão. Graças por perdoares todo o meu passado e me dares forças para viver todos os dias em Teu poder.

8 de JUNHO

*Mas, se alguém sofrer por ser cristão,
não fique envergonhado, mas agradeça a Deus
o fato de ser chamado por esse nome.*
1 PEDRO 4:16 (NTLH)

Um grande problema que assola nosso país é que o cristianismo, por estar anêmico e fraco, tem produzido cristãos anêmicos, fracos e debilitados que não querem tomar posição e assumir suas responsabilidades. Precisamos de cristãos vigorosos, dinâmicos, aguerridos, que vivam para Jesus sete dias por semana e estejam dispostos a morrer, se preciso for, pela sua fé. Precisamos de cristãos éticos, honestos, bondosos, corajosos, fortes, seguidores consagrados ao Senhor Jesus Cristo.

Oração do dia
Reconheço como minha vida cristã tem sido covarde e mimada, Senhor Jesus. Dá-me Tua coragem para te seguir com mais devoção.

9 de JUNHO

Alegrei-me quando me disseram:
Vamos à Casa do Senhor.
SALMO 122:1

Muitas pessoas no domingo de manhã sofrem do que eu chamo de "dominguite". Você sabe o que é dominguite? Ela ataca suas vítimas todos os domingos por um breve período antes do café da manhã e causa uma sensação de fraqueza e preguiça. Por vezes, as vítimas sentem dor de cabeça, que piora quando vai se aproximando a hora do culto. Mas esta doença é de curta duração e geralmente vai embora ao meio-dia, fazendo com que a vítima possa almoçar muito bem e assistir ao jogo de futebol à tarde. Porém, na maioria das vezes, os sintomas reaparecem por volta das 18h30 e depois desaparecem novamente, até o domingo seguinte.

Oração do dia
Que eu sempre tenha a alegria que Davi teve, a cada domingo, ao me preparar para adorar-te em Tua casa, Pai celestial.

10 de JUNHO

...o amor de Deus em nós...
1 JOÃO 4:9

Preste atenção no amor de Deus! A Bíblia diz que Deus é amor. Você e eu éramos pecadores, pessoas estranhas para Ele. Éramos inimigos de Deus, pois nos rebelamos contra Ele. Nós merecíamos ir para o inferno, mas apesar de termos resistido a Deus, nos rebelado contra Ele, pecado contra Ele e nos tornado Seus inimigos — a Bíblia diz que Ele nos amou, mesmo assim, com Seu amor eterno; tanto que enviou Seu Filho para morrer na cruz pelos nossos pecados. E não existe ninguém que tenha a capacidade de amar assim, a não ser que venha para Cristo. Você não tem o poder de amar.

Oração do dia
Onde quer que eu esteja, Teu amor me envolve, Senhor Jesus. Há tantas pessoas que precisam ser curadas pelo Teu amor. Enche-me, até transbordar, com o amor ágape por estas pessoas.

11 de JUNHO

*Vede que grande amor nos tem concedido o Pai,
a ponto de sermos chamados filhos de Deus...*
1 JOÃO 3:1

Já que somos filhos de Deus, somos dependentes dele. A Bíblia diz que "como um pai se compadece de seus filhos, assim o SENHOR se compadece dos que o temem" (SALMO 103:13). Os filhos que dependem dos pais não precisam se preocupar com o que vão comer, vestir ou onde vão morar. Eles entendem, e com toda a razão, que seus pais suprirão todas as suas necessidades. E como Deus se preocupa com nosso bem-estar, a Palavra nos diz que devemos lançar sobre Ele toda a nossa ansiedade, pois Ele tem cuidado de nós. E foi justamente por sermos dependentes de Deus que Jesus disse: "Não se turbe o vosso coração" (JOÃO 14:27). O Pai também nos diz: "Eu levarei o seu fardo, não se preocupe com isso, deixe comigo." Os filhos que dependem dos pais não ficam constrangidos de lhes pedir nada para eles. E seria estranho se eles não tivessem coragem de deixar bem claro o que precisam. Deus está bem consciente de que dependemos dele para suprir as necessidades que temos em nossa vida. Por isso, Ele disse: "Pedi, e dar-se-vos-á; buscai e achareis; batei, e abrir-se-vos-á" (MATEUS 7:7).

Oração do dia

Ó Pai Todo-poderoso, tu és maravilhoso. Sou totalmente dependente de ti e seguro estou de que levarás o fardo do meu coração!

12 de JUNHO

*Entrega o teu caminho ao Senhor,
confia nele, e o mais ele fará.*
SALMO 37:5

Conhecer a vontade de Deus é o ápice de toda sabedoria. Viver no centro da Sua vontade aniquila toda falsidade que há na religião e põe um selo de veracidade na obra que fazemos para o Senhor. Você pode ser rico e ainda assim, miserável, se não fizer a vontade de Deus. Mas se fizer a Sua vontade, por mais que tenha pouco, você terá paz no coração. Você pode ter fama e riqueza e ainda assim ser desprezível, fora da vontade de Deus. Mas se fizer Sua vontade, mesmo no anonimato será feliz. É possível padecer mesmo tendo boa saúde, distante da vontade de Deus. Mas dentro de Sua vontade, até em meio ao sofrimento você terá alegria. Você pode ser insignificante e derrotado até mesmo quando for prestigiado se não fizer a vontade de Deus. Mas terá paz e tranquilidade até quando for perseguido, contanto que esteja no centro da Sua vontade. A Bíblia revela que o Senhor tem um plano para todos nós, e que se vivermos em constante comunhão com Ele, o Todo-Poderoso nos mostrará a direção a seguir e nos guiará até cumprir este plano.

Oração do dia

A Tua vontade deve estar em primeiro lugar em tudo que faço em minha vida, Senhor. E creio que tu me guiarás, pois sou Teu filho.

13 de JUNHO

*Para isto mesmo te levantei,
para mostrar em ti o meu poder.*
ROMANOS 9:17

Walter Knight conta a história de um menino que tinha aceitado Jesus há não muito tempo. "Papai, como posso crer no Espírito Santo se nunca o vi?" — perguntou ele. "Eu lhe mostrarei como", disse seu pai, que era eletricista. Mais tarde naquele dia, o pai de Jim o levou à usina elétrica e lhe mostrou os geradores. "É daqui que vem a energia que aquece o chuveiro e acende as lâmpadas. Não podemos ver a energia, mas ela está dentro deste aparelho e nos cabos que a conduzem", disse seu pai. "Eu acredito na eletricidade", disse Jim. "É claro que sim", disse seu pai, "mas você não acredita na eletricidade porque pode vê-la; você acredita porque vê o que ela pode fazer. Do mesmo modo, você acredita no Espírito Santo porque pode ver o que Ele faz na vida das pessoas quando elas se rendem a Cristo e recebem Seu poder."

Oração do dia
Senhor, que meu coração seja totalmente destituído de mim mesmo para eu que possa ser cheio do Teu Espírito.

14 de JUNHO

...eis que rejeitaram a palavra do Senhor.
JEREMIAS 8:9

O apóstolo Paulo disse certa vez: "Quem és tu, Senhor?" (ATOS 26:15). Esta é uma pergunta que todos nós temos que considerar. Se Jesus afirmou ser o Filho de Deus, sabendo que não era, Ele então era uma fraude, o maior mentiroso que o mundo já conheceu. Se Jesus achava que era Deus e não sabia o que era isso, Ele era um caso de insanidade então. No entanto, se Jesus é realmente quem afirmava ser, por direito Ele é o Senhor da nossa vida. O que nos impede de reconhecer Jesus então, já que Ele é o que a Bíblia diz ser? Todos nós temos que considerar a pergunta que Pilatos fez: "Que farei, então, de Jesus, chamado Cristo? (MATEUS 27:22). Pilatos lavou as mãos e disse que não tinha nada a ver com Jesus, mas Deus não permite que nos esquivemos assim. Temos que dizer sim ou não. Podemos zombar de Jesus, rejeitá-lo, negligenciá-lo — ou podemos aceitá-lo.

Oração do dia
Senhor Jesus, tantos ainda te rejeitam. Tira tudo que há em mim que possa impedir os outros de te aceitar como Senhor e Salvador.

15 de JUNHO

Remindo o tempo...
EFÉSIOS 5:16

Somos mordomos do nosso tempo. Deus deu a cada um de nós um "pedacinho da eternidade" chamado tempo. Estes momentos dourados de oportunidade nos são concedidos para nosso benefício e para a glória de Deus. E se usarmos estes momentos com sabedoria, eles serão tecidos pelas mãos do Deus Onipotente, que os transformará em vestes de eternidade. Henry Thoreau nos advertiu: "Não se pode matar o tempo sem prejudicar a eternidade". "Quem não tem visão da eternidade", disse Thomas Carlyle, "não tem domínio do tempo". "Apenas uma vida, logo passará, apenas o que foi feito para Cristo permanecerá" é o sentimento de todo aquele que deseja ser um bom mordomo do seu tempo. Deus nos confiou uma porção da dádiva do tempo. E se o investirmos com sabedoria, ele nos trará os dividendos da eternidade.

Oração do dia
Senhor, retira a minha natureza procrastinadora — como é fácil eu desperdiçar tempo. Quero deixar um legado do tempo que passo contigo, Senhor, porque isso é eterno.

16 de JUNHO

*Desvenda os meus olhos,
para que eu contemple as maravilhas da tua lei.*
SALMO 119:18

Alguns, que duvidam que a Bíblia é a Palavra de Deus, o fazem porque não querem reconhecer que é Deus que lhes dá tudo que não podem conseguir por si mesmos. Se você ainda tem alguma dúvida em relação à inspiração da Bíblia, pegue-a e olhe para ela novamente. Olhe para ela como se estivesse no lugar de uma pessoa que passou a vida inteira olhando para uma poça de lama, e então se depara com a visão do mar pela primeira vez. Talvez você esteja tendo agora um vestígio do poder ilimitado de Deus. Talvez esteja começando a entendê-lo como Ele realmente é. Se Deus é o Espírito que Jesus afirma que Ele é, então não há nada de errado com a providência divina, não há nada de errado com a soberania que Ele exerce sobre os assuntos do homem, não há nada de errado com a inspiração que Ele deu aos homens para escreverem a Bíblia. Tudo se encaixa perfeitamente quando você entende o que é Deus e quem Ele é.

Oração do dia

*Meu Deus e meu Pai, ao ler Tua Palavra todos os dias,
tu abres os meus olhos para que eu veja ainda mais a
glória do Teu surpreendente amor.*

17 de JUNHO

*Mas os perversos são como o mar agitado [...]
para os perversos, diz o meu Deus, não há paz.*
ISAÍAS 57:20,21

A fé tem pernas... Certa vez, ouvi a história de um homem que empurrava um carrinho de mão, atravessando o rio Niágara de um lado para o outro sobre uma corda bem esticada. Milhares de pessoas gritavam quando ele fazia isso. Certa vez, ele colocou um saco de areia de quase 100 quilos no carrinho e atravessou o rio de um lado para o outro com ele. Então se voltou para a multidão e disse: "Quantos de vocês acreditam que eu posso atravessar com um homem no carrinho?" E o povo o ovacionou. Um homem na primeira fila estava muito entusiasmado ao dizer que acreditava. Ele então virou para aquele homem e disse: "Você é o próximo!" O homem saiu mais que depressa dali! Ele não acreditava realmente. Ele só achava que acreditava — mas na verdade não estava disposto a entrar no carrinho de mão. O mesmo acontece com Jesus. Muitos dizem que creem nele, que querem segui-lo, mas jamais entraram no carrinho de mão. A verdade é que eles nunca se comprometeram ou se renderam a Cristo por completo, de todo o coração.

Oração do dia
Amado Senhor Jesus, foi somente quando entreguei tudo a ti que eu conheci a verdadeira alegria e paz que sempre me escaparam.

18 de JUNHO

*Que Deus maravilhoso nós temos [...] que tão
maravilhosamente nos conforta e fortalece...*
2 CORÍNTIOS 1:3,4 (BÍBLIA VIVA)

A Bíblia ensina inconfundivelmente que podemos vencer o luto. O salmista disse que "...Ao anoitecer, pode vir o choro, mas a alegria vem pela manhã" (SALMO 30:5). A autopiedade não traz nenhum alívio duradouro. Na verdade, ela contribui ainda mais para o nosso sofrimento. E o sofrimento incessante lhe dará pouca consolação em si mesmo, pois tristeza gera tristeza. Tristeza ou luto, quando suportados de forma cristã, contêm em si consolo. "Bem-aventurados os que choram, porque serão consolados" (MATEUS 5:4). Somos consolados ao sofrermos, pois sabemos que Cristo está conosco. O próprio Senhor disse: "E eis que estou convosco todos os dias até a consumação do século" (MATEUS 28:20). Poderemos suportar o sofrimento se não tivermos que fazer isso sozinhos; e quanto mais compassiva for a Sua presença, menos dilacerante será a nossa dor.

Oração do dia
*Obrigado, amado Pai celestial, pela promessa de nos
trazer alívio quando sofrermos. Já fui curado quando
me consolaste e sei que nunca falharás comigo.*

19 de JUNHO

*...buscai as coisas lá do alto, onde Cristo vive,
assentado à direita de Deus...*
COLOSSENSES 3:1

Você já ficou longe de alguém que ama? Um namorado ou namorada que você ficou sem ver por três, quatro meses? Espere para ver o que acontece quando vocês se encontrarem. Minha esposa e eu já ficamos muitas vezes longe um do outro, mas sempre que nos encontrávamos novamente era uma nova lua de mel. E será bem assim naquele glorioso dia em que Jesus Cristo voltar. Seremos levados às nuvens para nos encontrarmos com Ele, e este será como o encontro de duas pessoas que se amam. Como é linda a nossa esperança!

Oração do dia
Quantos corações se alegrarão quando voltares, Senhor Jesus. E até lá eu vou esperar por este glorioso dia com grande expectativa!

20 de JUNHO

*Se confessarmos os nossos pecados,
ele é fiel e justo para nos perdoar os pecados e
nos purificar de toda injustiça.*
1 JOÃO 1:9

Uma coisa muito triste no casamento é quando ainda existe alguma lembrança sórdida de pecados do passado por parte de um dos cônjuges. Se os jovens pudessem entender que a felicidade no casamento não depende apenas do presente, mas também do passado, eles pensariam duas vezes antes ter relações íntimas e sem compromisso com todos ou qualquer um. Muitos casamentos estão em perigo por causa da revolta causada pelos pecados do passado, que não são confessados e acabam sendo descobertos. Quanto à necessidade de confessar os pecados passados ao cônjuge, não acredito que seja sempre necessário ou aconselhável. Eu já soube de lares que foram desfeitos por causa de tais confissões. A coisa mais importante é confessar a Deus todos os erros do passado, tomar a decisão de ser fiel aos votos do casamento, e deixar para trás o passado impuro com o intuito de viver o presente sem mácula.

Oração do dia
*Obrigado por perdoares e esqueceres o meu passado,
Senhor. E ajuda-me a fazer o mesmo.*

21 de JUNHO

Arrependei-vos, pois, e convertei-vos para serem cancelados os vossos pecados.
ATOS 3:19

Há uma certa tristeza que envolve o arrependimento, mas isso é algo que não vemos muito hoje em dia. Tristeza significa pranto e até gemido. Não estou dizendo que devemos ter uma grande experiência emocional quando nos arrependemos, mas creio piamente que precisamos derramar lágrimas quando isso acontece. Precisamos sentir muito pelos nossos pecados e dizer: "Ó! Deus, pequei contra ti. Sinto muito." Eu não sou uma pessoa emotiva. Não sei por que, mas não choro facilmente. Porém das poucas vezes em que chorei em minha vida, algumas delas foram por causa de algum pecado que havia cometido muitos anos atrás. Eu não derramei uma lágrima sequer na noite em que aceitei Jesus. Mas depois fui para casa, e ao olhar da minha janela para o céu da Carolina do Norte, EUA, chorei por causa dos meus pecados. "Ó! Deus, perdoa-me". E a paz mais formidável que já senti tomou conta da minha alma. E desde aquela hora eu soube que meus pecados tinham sido perdoados.

Oração do dia
Há uma tristeza em minha alma quando lembro como falhei contigo, amado Senhor. Perdoa-me pelas minhas fraquezas.

22 de JUNHO

*Digno é o Cordeiro [...] de receber o poder,
e riqueza, e sabedoria, e força, e honra,
e glória, e louvor.*
APOCALIPSE 5:12

H. G. Wells escreveu: "Cristo é o personagem mais singular da história. Ninguém pode escrever a história da humanidade se não der a primazia e o maior lugar de destaque ao humilde Mestre de Nazaré." O rabino Stephen Wise disse a respeito de Jesus: "Você verá que Ele é divinamente humano. É uma grande alegria para nós da casa de Israel reconhecer, honrar e reverenciar dentre nossos irmãos, o judeu Jesus, que influenciou o mundo mais do que qualquer outro homem." O homem Jesus viveu na Terra por somente 33 anos e nunca viajou além de 160 km de onde morava. Charles Lamb também tinha razão ao dizer que "se todos os homens mais ilustres da história se reunissem numa sala e Shakespeare entrasse, eles se levantariam para honrá-lo; mas se fosse Jesus que entrasse, todos se prostrariam para adorá-lo."

Oração do dia

*Amado Senhor Jesus, vou honrar-te hoje e para sempre.
Em adoração eu te louvo, meu Senhor e Salvador.*

23 de JUNHO

*...Deus enviou o seu Filho ao mundo,
não para que julgasse o mundo, mas para
que o mundo fosse salvo por ele.*
JOÃO 3:17

Você pode colocar uma escola e uma universidade em todos os bairros de todas as cidades de uma nação, mas nunca conseguirá impedir sua degeneração moral somente com uma educação formal. A educação que não dá o devido valor às questões mais importantes da natureza humana não pode ser chamada de educação. A educação parcial em todo o mundo é muito pior do que nenhuma se educarmos a mente, mas não a alma. Pensar em civilizar as pessoas sem convertê-las a Cristo é tão sábio quanto pensar em transformar lobos em ovelhas simplesmente limpando-os e vestindo-os com um manto de algodão. "Bem-aventurados os misericordiosos, porque alcançarão misericórdia" (MATEUS 5:7). A misericórdia que o mundo precisa é a graça, o amor e a paz de Jesus Cristo. O que o mundo mais precisa é do poder do Senhor que transforma e regenera.

Oração do dia
*Deus de misericórdia, que minha vida seja plena com o
Teu amor transbordante por outros.*

24 de JUNHO

A sabedoria, porém, lá do alto é, primeiramente, pura; depois, pacífica, indulgente, tratável, plena de misericórdia e de bons frutos, imparcial, sem fingimento. TIAGO 3:17

O mundo, nos últimos anos, retrocedeu a uma espécie de barbárie. Já que a prática do cristianismo diminuiu, a maldade e a violência aumentaram. Vizinhos discutem uns com os outros, as brigas são um grande problema nas escolas, e a "guerra entre gangues" promovidas entre adolescentes têm se tornado uma séria ameaça em nossas cidades. Pais e mães vivem discutindo e se desentendendo; lares estão se desintegrando. Membros do governo se envolvem em disputas acaloradas e difamatórias, e nem se preocupam em manter a dignidade do seu gabinete. Como foi que toda esta selvageria entrou em nossa vida social e por quê? Porque nos esquecemos do que Jesus disse: "Bem-aventurados os mansos, porque eles herdarão a Terra" (MATEUS 5:5). Eu já vi homens agressivos, ignorantes e resolutos abrirem o coração pela fé, aceitarem Jesus como seu Salvador e se tornarem gentis, pacientes, cavalheiros misericordiosos.

Oração do dia
Enche-me do Teu amor e da Tua misericórdia, Senhor. E já que o mundo está tão violento, peço-te que me uses para levar paz onde houver conflito.

25 de JUNHO

Quem é, pois, o mordomo fiel e prudente...?
LUCAS 12:42

Não há nada de errado em possuir riquezas, mas a Bíblia nos adverte que o dinheiro não pode comprar a felicidade, muito menos a verdadeira satisfação ou a paz no coração. O dinheiro com toda a certeza também não pode comprar a entrada no reino de Deus. Muitas vezes, o dinheiro é um obstáculo para essas coisas. Ele desvia o nosso coração de Deus. As riquezas, quando usadas de modo egoísta e não para a glória de Deus, têm a tendência de corromper as nossas mãos. O dinheiro não pode ser um substituto de Deus. E se Ele por acaso deu mais riquezas a você do que ao seu próximo, dedique-as a Cristo. Perceba que você é apenas mordomo do que Deus lhe deu e que um dia Ele vai pedir conta de cada centavo que gastou. O Ministério da Fazenda quer saber como você gasta o seu dinheiro, mas isso não é nada comparado ao que Deus tem registrado em Seus livros.

Oração do dia

Pai, quero ser um mordomo fiel de tudo que tens me dado. Ajuda-me a estar atento a toda direção que tu me deres para que eu possa usar com sabedoria todos os bens que tens confiado a mim.

26 de JUNHO

Vós, porém, não estais na carne, mas no Espírito,
se, de fato, o Espírito de Deus habita em vós.
ROMANOS 8:9

Um cavalo domado produz muito mais do que um jumento selvagem. A energia sem controle é perigosa; a energia sob controle é poderosa. Deus nos disciplina não para nos humilhar, mas com intuito de nos preparar para uma vida próspera e abençoada. Em sua sabedoria, Ele sabe que uma vida sem controle é uma vida infeliz. Então Ele coloca rédeas em nossa alma rebelde para que ela possa ser direcionada às "veredas da justiça" (SALMO 23:3). É isso o que Deus quer fazer conosco; Ele quer nos domar, nos colocar debaixo da liderança certa, redirecionar nossas energias. Ele faz na dimensão espiritual o que a ciência faz na dimensão material. A ciência usa a turbulência violenta do rio Niágara e a transforma em energia elétrica para iluminar milhões de lares e girar a roda produtiva da indústria.

Oração do dia
Direciona toda minha energia, Pai, para que eu possa
ser uma bênção para os outros.

27 de JUNHO

*Bendito seja o Senhor que, dia a dia, leva o
nosso fardo! Deus é a nossa salvação.*
SALMO 68:19

O escritor Edward Dahlberg disse certa vez: "Quando tinha 19 anos, eu era um estranho para mim mesmo. Aos 40, perguntei-me: "Quem sou eu?" Aos 50, cheguei à conclusão de que nunca vou saber." Este deserto existencial é o lar de milhões de pessoas. De acordo com a socióloga June Callwood, de Toronto, 92% dos universitários canadenses não sabem quem são. A Bíblia diz que o homem é uma alma imortal. Quando Deus fez o homem, Ele o criou e "lhe soprou nas narinas o fôlego de vida, e o homem passou a ser alma vivente" (GÊNESIS 2:7). A alma é a essência, o centro, o verdadeiro e eterno ser humano. E ele não terá paz até que receba Jesus Cristo como Senhor e Salvador de sua vida.

Oração do dia
*Deus Todo-Poderoso, saber que sou Teu filho é toda a
segurança da qual eu preciso.*

28 de JUNHO

*Ele, angustiado, suplicou deveras ao Senhor,
seu Deus, e muito se humilhou...*
2 CRÔNICAS 33:12

Por que os cristãos sofrem? Com toda a certeza há uma razão para que o cristão passe por aflições. E uma das razões pelas quais Deus permite que Seu povo sofra, segundo as Escrituras, é que este é um processo que Ele usa para nos disciplinar, corrigir e moldar. Aprendemos na Bíblia que a correção através da aflição é um passo do processo para nosso total e pleno crescimento. A aflição também pode ser um meio de limpar e purificar. Muitas vidas saem da fornalha do sofrimento muito mais belas e produtivas do que antes.

Oração do dia
Senhor, que eu venha a aprender mais do Teu amor e compaixão em todas as circunstâncias que enfrentar.

29 de JUNHO

Porque tive fome, e me destes de comer...
MATEUS 25:35

Durante a Segunda Guerra Mundial, uma igreja foi destruída por completo em Estrasburgo, na divisa entre Alemanha e França. No entanto, uma estátua de Jesus que ficava no altar ficou quase totalmente intacta; somente as mãos estavam faltando. Quando a igreja foi reconstruída, um famoso escultor se ofereceu para fazer as mãos, mas depois de discutir sobre o assunto, os membros da igreja resolveram deixá-la do jeito que estava; ou seja, sem as mãos. "A razão", disseram eles, "é que Jesus estava sem as mãos porque são as nossas mãos que devem fazer Sua obra nesta Terra. Se não dermos comida aos pobres, água aos famintos, abrigo aos estrangeiros; se não visitarmos os que estão em prisões e não vestirmos os que estão nus, quem fará isso?" Cristo conta conosco para fazer as mesmas coisas que Ele fez neste mundo. Meu amigo, se o evangelho que pregamos não tiver uma aplicação social e a obra não for feita de forma efetiva todos os dias nesta Terra, isso não é o evangelho de Jesus Cristo.

Oração do dia
Olho para as minhas mãos agora, Senhor Jesus, e peço-te que as uses neste dia. Não me deixes esquecer das necessidades daqueles que sofrem.

30 de JUNHO

*E tudo quanto pedirdes em oração,
crendo, recebereis.*
MATEUS 21:22

A oração é uma conversa entre duas pessoas; nós falamos com Deus e Ele conosco. Já que somos cristãos, temos um Pai celestial que ouve as nossas orações e as responde. Jesus disse: "E tudo quanto pedirdes em oração, crendo, recebereis" (MATEUS 21:22). Todo homem ou mulher que contribuiu muito em sua vida para a igreja e ao reino de Deus tem sido uma pessoa de oração. Você não pode se dar ao luxo de estar ocupado demais para orar. Um cristão sem vida de oração é um cristão fraco. O próprio Senhor Jesus passou muitas horas em oração. Por vezes, Ele passava a noite inteira num monte sozinho em comunhão com Deus Pai. E se o Senhor tinha consciência de que precisava orar, quanto mais nós também precisamos!

Oração do dia
*Que alegria indizível é buscar-te em oração,
meu Pai celestial.*

1º de JULHO

*Porque o S<small>ENHOR</small> dá a sabedoria,
e da sua boca vem a inteligência e o
entendimento.* PROVÉRBIOS 2:6

Não é de admirar que a Bíblia sempre foi o maior *best-seller* deste mundo! Nenhum outro livro se compara à sua profunda sabedoria, à sua beleza poética ou à precisão da sua história e profecias. Seus críticos que alegaram que ela estava cheia de falsificação, ficção e promessas não cumpridas, têm descoberto que o problema está neles mesmos, e não na Bíblia. Os maiores e mais dedicados eruditos têm demonstrado que supostas contradições são decorrentes de traduções incorretas, e não por inconsistência divina. O homem, e não a Bíblia, é que precisa ser corrigido. Mesmo assim, em muitos lares e entre as pessoas supostamente instruídas, virou moda zombar das Escrituras e considerá-la apenas como um objeto que fica pegando poeira, e não a Palavra viva de Deus. Muitas famílias usam a Bíblia como um lugar seguro para guardar correspondência antiga e pétalas secas, e têm negligenciado totalmente a ajuda e segurança que Deus quer lhes conceder por intermédio deste livro.

Oração do dia

Deus Todo-Poderoso, louvo-te pela autoridade da Tua Palavra, que me fala da minha redenção, de como devo conduzir minha vida, da paz e da vida eterna que tenho contigo.

2 de JULHO

...ameis uns aos outros, assim como eu vos amei.
JOÃO 15:12

Ao estudar o tema concernente a "separação" no Antigo e no Novo Testamento, descobri que o peso das Escrituras está na direção da comunhão e não da separação. Qual é a grande prova cabal de que passamos da morte para a vida? O amor! Jesus estava falando de modo bem claro sobre a unidade visível, que também o mundo pode ver. O propósito da Sua oração era que o mundo viesse a crer e entender isso. Ele orou pela unidade entre os cristãos. Deus, cuja vontade é que todos sejam um só em Cristo, é o Deus da diversidade. Muitas vezes, queremos que todos sejam iguais — pensando, falando e até acreditando como nós. Poderíamos usar muitas passagens da Bíblia para comprovar que o amor é o segredo legítimo da unidade cristã. No espírito de verdadeira humildade, compaixão, respeito e abnegação, poderemos lidar com nossos problemas, com nosso trabalho, e até mesmo com nossas diferenças.

Oração do dia

Em um mundo tão carente do Teu amor, não permita que eu julgue aqueles que amam a ti também. Ensina-me, pelo Teu amado Espírito Santo, a ter compaixão e verdadeira unidade.

3 de JULHO

Toda a Escritura é inspirada por Deus e útil...
2 TIMÓTEO 3:16

Os homens que elaboraram a Constituição norte-americana sabiam que estavam redigindo o principal documento de um governo de homens livres. Eles reconheceram que os homens só podem ser livres e independentes a partir do momento em que todos conhecerem a lei e a entenderem. Eles precisam conhecer seus direitos, privilégios e limites. Se isso acontecesse, todos seriam considerados iguais perante a lei e poucos juízes não julgariam com retidão, pois eles mesmos também estariam sob a mesma lei e teriam que julgar cada caso segundo seus preceitos. Assim como a Constituição é a carta magna de uma nação, a Bíblia também é a carta magna de Deus, pois é por meio dela que Ele estabelece Suas leis espirituais. É na Bíblia que Deus faz Suas promessas eternas. É na Sua Santa Palavra que Ele revela o plano da redenção para toda a humanidade.

Oração do dia

Deus Todo-Poderoso, nós, o povo e a nossa nação enfrentamos muitas crises todos os dias. Que cada um de nós possa então buscar sabedoria na Tua Palavra, a Bíblia.

4 de JULHO

*Tratai todos com honra, amai os irmãos,
temei a Deus, honrai o rei.* 1 PEDRO 2:17

Devemos nos prostrar perante Deus e agradecer a Ele por tudo que nos tem dado. Uma nação é um lugar onde todos deveriam ter as mesmas oportunidades. Devemos agradecer a Deus por viver em um país onde não há o conceito de castas que impede um homem de progredir. Se alguém tem o desejo de trabalhar e estudar, pode fazer isso independentemente da sua classe social. Além disso, há liberdade religiosa. Você pode crer no que quiser que ninguém vai fechar sua igreja porque sua religião não é igual a dele. Um pequeno grupo de pessoas que se reúne numa pequena cabana longe de tudo para adorar o Deus da sua fé possui a mesma liberdade religiosa que aqueles que o adoram nas grandes catedrais que ficam na principal avenida das maiores cidades do país.

Oração do dia
*Obrigado, Deus, por me dares o desejo de te servir e adorar. Abençoa minha nação para que sempre possa encontrar liberdade para louvar e engrandecer o
Teu nome.*

5 de JULHO

A lei do Senhor é perfeita.
SALMO 19:7

A Bíblia é a Constituição do cristianismo. Assim como ninguém pode interpretar a Constituição de uma nação à sua maneira, a Bíblia também não pode ser interpretada dessa maneira. E do mesmo modo que a Constituição inclui todos que vivem sob os parâmetros estabelecidos por ela, sem exceção, a Bíblia também inclui, sem exceção, todos que vivem debaixo das leis de Deus. Qualquer outro instrumento que tenha a pretensão de nos falar sobre Deus, seja qual for, nunca fará isso de forma mais nítida do que a Bíblia. A natureza com suas leis nos falam a respeito de Deus, mas a mensagem não é tão clara. Nelas não encontramos nada que fale da graça e do amor de Deus. A consciência nos fala, em nosso mais íntimo, sobre Deus, mas essa mensagem é fragmentada. A Bíblia é o único lugar onde podemos encontrar uma mensagem precisa e irrefutável, pois ela é a Palavra de Deus.

Oração do dia
Como oro para que o mundo viva pela Tua lei, a qual não tem discriminação, pois é perfeita! Quando eu ler a Bíblia, ensina-me a seguir os Teus mandamentos — que são possíveis de obedecer por causa do amor de Cristo Jesus.

6 de JULHO

Estas coisas vos tenho dito para que tenhais paz em mim. No mundo, passais por aflições; mas tende bom ânimo; eu venci o mundo. JOÃO 16:33

A paz que Jesus veio trazer não foi uma paz de conciliação, harmonia ou conformidade, mas a paz espiritual. O mundo não pode dar paz, pois não tem nenhuma para oferecer. Ele luta pela paz, negocia a paz, articula pela paz, porém não tem paz em si mesmo. Agora, Jesus concede paz àqueles que nele depositam sua confiança. E se você recebeu esta paz, então faz parte do Seu arraial. Mas se você rejeitou esta paz, então está contra o Senhor. Sua paz está disponível a todos que querem recebê-la.

Oração do dia
Em meu interior, sinto a Tua paz, Senhor Jesus, e assim as tempestades que enfrento em minha vida são acalmadas.

7 de JULHO

Também o Senhor dará o que é bom, e a nossa Terra produzirá o seu fruto. SALMO 85:12

A Bíblia nos diz que a bondade de Deus nos leva ao arrependimento. Todas as bênçãos materiais que recebemos são dádivas que Ele nos concedeu para que venhamos nos humilhar, nos prostrar perante Ele e exaltar o Seu nome. Também temos que agradecer a Deus pelas bênçãos espirituais que não podem ser descritas por palavras. Ainda há liberdade de culto em nossa nação. Em muitas partes do mundo, os cristãos não podem se reunir ou falar da sua crença religiosa por causa do poder totalitário. Em nosso país, há Bíblias em todos os lugares e é possível pregar o evangelho. Deus abençoou nossa nação com milhares de bênçãos espirituais. Nestes dias de incerteza e conflitos, como os que estamos vivendo agora, há dádivas para nós além do que podemos compreender; são presentes de Deus que se tornam nossos quando recebemos Seu Filho como nosso Senhor e Salvador.

Oração do dia
Eu sou grato a ti, Deus Todo-Poderoso, por todas as bênçãos que tu derramaste nesta nação. E sou grato especialmente pela liberdade que tenho de adorar a ti e ler minha Bíblia sem medo de ser perseguido.

8 de JULHO

Convém que ele cresça e que eu diminua.
JOÃO 3:30

A autossuficiência é a causa principal das nossas aflições na vida. A hipocondria, um desequilíbrio mental que gera melancolia e depressão, geralmente é causada por autopiedade e egocentrismo. A maioria de nós sofre de miopia espiritual. Nossos interesses, desejos e energias na maior parte do tempo estão voltados para nós mesmos. Jesus deixou bem claro que Seus discípulos deveriam levar uma vida transbordante, e não egoísta. Ele disse ao jovem rico: "Se queres ser perfeito, vai, vende os teus bens, dá aos pobres e terás um tesouro no céu" (MATEUS 19:21). O Senhor não queria que aquele jovem se desfizesse realmente de todos os seus bens, mas que ele fosse liberto do egoísmo e do efeito devastador sobre sua personalidade e sua vida.

Oração do dia
Senhor, ensina-me a abrir meu coração totalmente para ti até que não haja lugar para mim mesmo. Purifica-me de todos os pensamentos e atitudes egoístas.

9 de JULHO

As palavras dos meus lábios
e o meditar do meu coração sejam agradáveis
na tua presença, Senhor, rocha minha
e redentor meu! SALMO 19:14

O poeta Robert Browning disse que "o pensamento é a alma da ação". Ralph Waldo Emerson disse que "o pensamento é o assento da ação. O ancestral de toda ação é o pensamento". Se Deus destruiu o mundo uma vez por causa dos constantes pensamentos malignos do homem, não é natural pensarmos que toda luxúria, a devassidão, os pecados que se multiplicam hoje em dia, também entristecem Seu coração assim como naquela época? Muitas pessoas vivem imaginando o pecado, sonhando com o pecado, e quando a oportunidade surge, acabam cedendo ao pecado. Tudo que elas precisam é de um motivo para pecar. Por isso, aos olhos de Deus, são tão pecadoras como se tivessem de fato cometido algo imoral. Toda transgressão começa com um pensamento pecaminoso. Você que aceitou Jesus com intenção de ter um coração puro deve ficar atento às imagens de lascívia e sensualidade que Satanás gera em sua mente, escolher muito bem os livros que lê, discernir com sabedoria o tipo de diversão que terá, o tipo de pessoas com quem andará, e o tipo de ambiente que frequentará. Assim como você não deixa lixo acumulado em sua sala, também não deve mais permitir que pensamentos pecaminosos venham a impregnar sua mente e sua alma.

Oração do dia
Preciso que meus pensamentos sejam constantemente purificados pelo poder purificador do Teu Espírito, Deus Todo-Poderoso.

10 de JULHO

...Não se preocupem com sua própria vida...
MATEUS 6:25 (NVI)

Algumas pessoas questionam: "Você acha que Deus tem tempo para mim? Você não sabe a bagunça que é minha vida, como ela é complicada: as pressões, as dificuldades em casa, os problemas no trabalho, tantas coisas que nem tenho como lhe dizer. Incluindo os pecados que, de alguma maneira, não consigo abrir mão." Sim, Deus tem tempo para você. Mesmo morrendo na cruz, Jesus teve tempo para o ladrão que se virou para Ele e pediu: "Senhor, lembre-se de mim". E isso é tudo que sabemos que o ladrão disse: "Lembre-se de mim". No entanto, o que ele na verdade estava dizendo era: "Eu não sou digno, pois transgredi todas as leis. Eu mereço o inferno. Apenas lembre-se de mim." Porém, Jesus se voltou para ele naquela hora e afirmou: "Hoje mesmo você estará comigo no paraíso".

Oração do dia

Senhor Jesus, até no momento do maior sofrimento, tu tiveste tempo para dares a alguém a certeza do Teu amor. Sinto-me confortado por saber que este cuidado que tens com minha alma é infindável.

11 de JULHO

Aguardando a bendita esperança...
TITO 2:13

Uma das melhores formas de se ver livre do desânimo é lembrar que Jesus está voltando. A verdade mais emocionante e gloriosa do mundo todo é a segunda vinda de Cristo. Quando olhamos em volta e vemos o pessimismo que toma conta de todos, nos lembramos de que a Bíblia é o único livro do mundo que prevê o futuro. A Palavra de Deus é mais moderna do que o noticiário da amanhã. Ela prediz o futuro nos mínimos detalhes e diz que a consumação de todas as coisas acontecerá quando Jesus Cristo voltar a esta Terra. Se sua vida é triste, depressiva e sem graça agora, o Senhor pode dissipar todas essas nuvens negras. O brilho do Seu amor pode iluminar as áreas mais escuras da sua vida.

Oração do dia
Como anseio ver Tua face, Senhor Jesus! Eu me regozijo em pensar na Tua vinda.

12 de JULHO

*Respondeu-lhe Jesus: Eu sou o caminho,
e a verdade, e a vida...* JOÃO 14:6

Decepcionados com a sociedade, os jovens começaram a buscar por si mesmos as respostas das quais precisam. Em minhas viagens, encontro jovens com os mesmos questionamentos: "O que é a verdade? Quem o pode dizer? O que é certo e o que é errado? Existe um poder supremo? Sim, existe um tal poder! Também existe uma lei moral, e ela se expressa através de Alguém que é real. Há um verdadeiro Herói em quem você pode confiar, que nunca o decepcionará. Seu nome é Jesus Cristo. Ele nasceu neste mundo tão caótico e injusto assim como o seu, mas o transformou, transformando as pessoas.

Oração do dia
Tu, Senhor Jesus, és a autoridade suprema, e minha alma te louva!

13 de JULHO

*...o Senhor me ungiu [...] a proclamar
libertação aos cativos e a pôr em liberdade
os algemados.* ISAÍAS 61:1

Em seu livro *Em busca de sentido* (Ed. Vozes, 2015), Viktor Frankl descreve o comportamento de dois irmãos da mesma descendência, no mesmo ambiente, no mesmo campo de concentração nazista. Um se torna um santo e o outro, uma pessoa desprezível. E Frankl nos conta o porquê. Diz ele: "Todo homem tem dentro de si o poder de escolher como reagir diante de determinada situação". Deus nos deu o poder de escolha. Algumas pessoas atualmente não querem aceitar a responsabilidade pelas suas ações. Elas culpam a sociedade, o ambiente, o sistema de educação, as circunstâncias. Porém, Adão pecou num ambiente perfeito e quando as circunstâncias também eram perfeitas. Não podemos colocar a culpa de tudo nas outras pessoas. Temos que aceitar a culpa da nossa parte. A sociedade é composta por indivíduos. Se não há justiça social, o erro está em nós, pois fazemos parte desta sociedade. Sendo assim, que aceitemos nossas responsabilidades e façamos algo a respeito.

Oração do dia
Deus vivo, eu quero tomar decisões corretas com Tua ajuda para que possa tocar a sociedade com Teu amor que cura.

14 de JULHO

*Amado, não imites o que é mau,
senão o que é bom...* 3 JOÃO 11

Há uma verdade que precisamos gravar muito bem em nossa mente: o mundo em que vivemos está de cabeça para baixo. As pessoas odeiam quando deveriam amar, brigam quando deveriam fazer as pazes, lutam quando deveriam buscar a paz, ferem quando deveriam curar, roubam quando deveriam compartilhar, fazem o que é errado quando deveriam fazer o que é certo. Certa vez vi um palhaço de brinquedo com um tipo de peso na cabeça. Não importava a posição em que você o colocasse, ele sempre ficava com a cabeça para baixo. Se o colocasse de lado ou em pé, era só soltar que sua cabeça voltava àquela posição. Quem não foi redimido é justamente assim! Faça o que quiser com eles, pois no fim acabarão voltando ao mesmo estado de antes. Por isso, os discípulos não se enquadravam neste mundo. Para uma pessoa que está de cabeça para baixo, quem está em pé é que parece estar de ponta cabeça. Para um pecador então, uma pessoa justa é excêntrica e anormal. A bondade de um cristão é um insulto aos ímpios; o fato de ele estar em pé reflete a posição invertida em que o mundo se encontra.

Oração do dia

Que eu jamais comprometa a posição que ocupo em ti, Senhor Jesus, que entregou a Tua vida imaculada por mim.

15 de JULHO

Contemplarão a sua face...
APOCALIPSE 22:4

Uma das maiores recompensas de ser cristão é a grande esperança que vai além do túmulo para a glória do futuro de Deus. Uma garotinha ia correndo para o cemitério quando a escuridão da noite começava a cair. Ela passou por um amiguinho que perguntou se ela não tinha medo de passar pelo cemitério à noite. "Eu não", disse ela, "não tenho medo algum. Minha casa é ali do outro lado." Nós cristãos não precisamos temer a sombra da morte porque nosso lar celestial é "ali do outro lado". A ressurreição de Cristo transformou o crepúsculo do sofrimento numa aurora de reencontro, o anoitecer da decepção em um amanhecer de alegria, o poente do medo em uma alvorada de paz. Hoje, a fé e a certeza na ressurreição de Jesus podem transformar o medo em esperança e a decepção em alegria.

Oração do dia

Tudo o que mais temo, Senhor Jesus, coloco em Tuas mãos amorosas, sabendo que tu me darás paz e coragem.

16 de JULHO

> Senhor, concede-nos a paz,
> porque todas as nossas obras tu as fazes
> por nós. ISAÍAS 26:12

Até bem poucos anos atrás, as crianças ficavam entusiasmadas com a ideia de ir ao cais para ver os grandes navios ancorando. Hoje em dia, estão indiferentes aos helicópteros e jatos. Nós, que já ficamos maravilhados com o telégrafo, hoje não achamos grande coisa o milagre da televisão. Não muito tempo atrás, muitas das doenças não tinham esperança de cura. Hoje temos medicamentos tão eficazes que alguns deles se tornaram raros. Nós alcançamos muito, disso não há dúvida. Mas apesar de todo esse progresso, ainda não conseguimos resolver o problema principal do ser humano. Podemos construir os maiores edifícios, os navios mais rápidos, as pontes mais extensas — mas não podemos dominar a nós mesmos ou levar uma vida de paz e igualdade.

Oração do dia
Tudo o que mais desejo é amar-te e ser amado por ti, Senhor Jesus, meu Salvador.

17 de JULHO

*Deus é o nosso refúgio
e fortaleza, socorro bem presente
nas tribulações.* SALMO 46:1

A Bíblia diz que Deus a ninguém tenta. A tentação sempre vem do diabo. Deus nos prova e nos capacita a suportar a tentação, mas é o diabo que nos tenta. E como podemos vencer a tentação? Uma garotinha certa vez contou o seu método. "Quando o diabo vem bater à porta", disse ela, "eu não abro. Eu peço a Jesus para abrir". Ao sermos tentados é exatamente isso que devemos fazer: deixar Jesus atender a porta.

Oração do dia
Senhor Jesus, ajuda-me a lembrar do poder que há no Teu santo nome!

18 de JULHO

*Alegrar-te-ás por todo o bem
que o SENHOR, teu Deus, te tem dado a ti...*
DEUTERONÔMIO 26:12

Muitas vezes, a igreja mencionou negativamente os males, sem nos lembrar de que Deus está tremendamente interessado em que encontremos um modo de vida agradável aqui e agora. Nós cristãos temos falado tanto do lado negativo da experiência cristã que nos esquecemos de enfatizar a experiência positiva, alegre, emocionante e vitoriosa de ter uma comunhão diária com Jesus. Deus declarou que as coisas não nos satisfazem; Deus é quem nos satisfaz! Este é o segredo para satisfazer a alma: deixar que ela se deleite com o que há de melhor. Portanto, tire os impedimentos, remova as barreiras e deixe a sua alma descobrir a plenitude dos seus desejos mais profundos na comunhão com Deus.

Oração do dia

*Não há palavras que possam descrever minha gratidão
a ti, meu Senhor e Salvador, por Tua infinita bondade.*

19 de JULHO

*Não por força nem por poder,
mas pelo meu Espírito, diz o S*ENHOR *dos
Exércitos.* ZACARIAS 4:6

Após a crucificação, os discípulos se esconderam e desesperados disseram: "Nós esperávamos que fosse ele quem havia de redimir a Israel" (LUCAS 24:21). O clima era de angústia, tragédia e desespero. A vida tinha perdido o sentido e o propósito. Mas quando a ressurreição se tornou uma realidade, a vida ganhou um novo sentido; tinha razão e propósito. Certa vez, o missionário David Livingstone falou a um grupo de alunos na Universidade de Glasgow. Ao se levantar, ele trazia em seu corpo as marcas das lutas que havia travado na África. Em quase 30 ocasiões, pegou várias doenças que o deixaram magro e abatido. Seu braço esquerdo, esmagado por um leão, mal se mexia ao lado do seu corpo. Após contar sobre as lutas e as tribulações pelas quais passou, ele disse: "Vocês gostariam que eu dissesse o que me ajudou a suportar todos estes anos no exílio entre pessoas cuja língua eu não compreendia e cujas atitudes em relação a mim eram sempre incertas e geralmente hostis? Foi isso: 'E eis que estou convosco todos os dias até à consumação do século' (MATEUS 28:20). Sobre estas palavras eu confiei tudo o que tinha, e elas nunca falharam."

Oração do dia
Eu nunca estou só, pois tenho o Teu amor. Obrigado, meu Senhor e Salvador.

20 de JULHO

Graças a Deus pelo seu dom inefável!
2 CORÍNTIOS 9:15

Um presente não é um presente até que alguém o aceite. Deus nos deu o Seu Filho, mas uma condição para o termos é aceitá-lo. Deus não força sobre nós o Seu presente, mas nos pede que aceitemos pela fé o presente que é o Seu Filho Jesus Cristo. Quem se recusa deliberadamente a oferta de amor, misericórdia e perdão de Deus está perdido. A maior parte das pessoas aceita de bom grado um presente dado com amor. E o maior pecado que alguém pode cometer é recusar o amor de Deus.

Oração do dia
Eu busquei o Teu presente que é Jesus, e recebi o perdão e a vida eterna. Obrigado, meu Pai celestial.

21 de JULHO

*Porque vos digo que, se a vossa justiça
não exceder em muito a dos escribas e fariseus,
jamais entrareis no reino dos céus.* MATEUS 5:20

Numa sociedade decadente, não existe mais o desejo de crer, resistir, combater, lutar e perseverar. No lugar do desejo de lutar, o que há é o desejo de se conformar, de ficar à deriva, de deixar do jeito que está, de se render e desistir. Foi isso o que aconteceu com Roma, mas também se aplica a nós. As mesmas coisas que aconteceram em Roma estão acontecendo em nossa sociedade hoje. Antes de o Império Romano cair, seus padrões foram deixados de lado, a família se desintegrou, os divórcios aumentaram, a imoralidade estava desenfreada e a fé em declínio. Como disse Edward Gibbon: "Fala-se muito de religião, mas poucos a praticam".

Oração do dia
Senhor Jesus, que eu seja digno de ser chamado cristão!

22 de JULHO

*Justificados, pois, mediante a fé,
temos paz com Deus por meio de nosso Senhor
Jesus Cristo.* ROMANOS 5:1

Após a Conferência de Genebra, realizada entre as quatro maiores potências mundiais da época, eu vi o presidente Dwight Eisenhower se ajoelhar em uma capela e pedir a Deus orientação divina para as decisões que precisava tomar. E eu tinha certeza que o Senhor responderia à sua oração tão sincera. Creio que Deus respondeu, pois a atitude que Eisenhower demonstrou ao longo daquele período foi a de um verdadeiro pacificador de âmbito internacional. A única medida corretiva para se estabelecer a paz é o homem como indivíduo conhecer a paz de Deus. Embora eu não seja totalmente contrário aos movimentos que de uma forma ou de outra lutam pela paz mundial, eu tenho a plena convicção de que esta paz nunca será alcançada até que no centro de tudo isso haja um processo espiritual. Eu oro para o fim das guerras, assim como oro para que não haja mais crimes, mas sei que a causa principal tanto das guerras como dos crimes é o pecado inato da natureza humana. O mundo não pode renascer até que o homem passe pelo novo nascimento e tenha paz com Deus.

Oração do dia

*Pai celestial, oro para que o mundo tenha paz por
meio de pessoas se rendendo ao Teu Filho Jesus Cristo.
Abençoa, neste dia, todos os que estão pregando o
evangelho pelos cantos da Terra.*

23 de JULHO

*...A minha graça te basta,
porque o poder se aperfeiçoa na fraqueza...*
2 CORÍNTIOS 12:9

O diretor de um centro de recuperação cujo propósito era levar jovens infratores a Cristo disse: "Ser cristão é a coisa mais difícil deste mundo. O que pode ser mais difícil do que amar seus inimigos?" Um jovem, que havia se tornado um fervoroso discípulo do Senhor naquele centro, disse: "No que diz respeito a isso, todos nós somos iguais, homens e irmãos. Foi muito difícil para mim no começo, mas então eu ouvi que em Jesus tudo é possível. Aí toda a dificuldade se foi. Eu quero dizer que um homem não é homem, não um homem completo, até que conheça Jesus Cristo." Sim, a vida cristã é dura e muito difícil, mas também desafiadora. E vale a pena pagar o preço para seguir a Jesus Cristo. Se você fizer isso, logo descobrirá que sua cruz não é maior do que a graça do Senhor. Se você escolher a cruz da impopularidade, aonde quer que vá encontrará a graça de Deus; e ela será mais do que suficiente para suprir suas necessidades.

Oração do dia

*Senhor Jesus, ensina-me a lição de que a Tua graça
é mais do que suficiente para suprir todas as minhas
necessidades.*

24 de JULHO

Quem é fiel no pouco também é fiel no muito.
LUCAS 16:10

O que Deus espera, e tudo que Ele espera, é que lhe dediquemos totalmente nossos dons e talentos. Este é o sentido da parábola dos talentos em Mateus 25. Leia esta parábola e você verá que sempre somos recompensados pela nossa fidelidade. Podemos ser fiéis como todo mundo e ainda assim, condenados pelo Senhor. Pegue o talento que você tem e invista-o nas coisas eternas. Algumas pessoas de talento perdem seu galardão porque fazem as coisas para serem vistas pelos homens. Outros que não têm talento perdem seu galardão pelo fato de não dedicarem o que possuem porque não são vistos pelos homens. Todos estão pecando.

Oração do dia
Senhor Jesus, não permita que eu me preocupe com a honra dos homens, mas que meus talentos sejam totalmente consagrados a ti.

25 de JULHO

Oh! Quando virás ter comigo? Portas a dentro, em minha casa. SALMO 101:2

Numa cerimônia de casamento, após a confirmação dos votos, o pastor declara com toda reverência e respeito: "O que Deus uniu, não separe o homem". Deus não é a terceira Pessoa no casamento? Não deveria Ele então fazer parte do casamento e do lar que se forma através dele? Se Deus se une ao casal no início, Sua presença não deveria ser sempre reconhecida no lar? Muitos lares estão em ruínas hoje em dia porque Deus foi deixado de fora do ambiente familiar. E como o choque de personalidades é comum no âmbito da família, é preciso que haja uma força que venha promover a união entre todos; e esta força é o próprio Deus vivo! Muitos casais acham que seriam mais felizes se tivessem um emprego melhor, uma casa melhor ou se morassem num bairro melhor. Não! O segrego da felicidade no matrimônio é permitir que Deus, a terceira Pessoa que faz parte do contrato de casamento, assuma Seu lugar de direito no lar. Faça as pazes com Deus, e assim você será um verdadeiro pacificador em seu lar.

Oração do dia
Senhor, que eu seja um pacificador nos relacionamentos com aqueles que amo. Que eu sempre te busque, Príncipe da paz!

26 de JULHO

*...preferindo deixar o corpo e habitar com
o Senhor.* 2 CORÍNTIOS 5:8

Um garotinho estava viajando sozinho de trem num dia quente, e quando os passageiros perceberam, ficaram muito preocupados. E a situação ficou ainda mais interessante quando eles passaram pelo deserto do Arizona. Uma senhora sentada ao lado do menino lhe perguntou: "A longa viagem o deixou cansado?" O menino então sorriu e disse: "Eu estou um pouco cansado, mas não me importo muito com isso. Sabe, meu pai vai me encontrar quando eu chegar a Los Angeles." Às vezes, o jugo que carregamos ao longo da vida nos deixa um pouco cansados, mas é prazeroso saber que Jesus Cristo nos encontrará no fim da nossa jornada nesta vida. A alegria de estar com Cristo eternamente é de tal forma imensurável que nenhum escritor será capaz de traduzi-la em palavras.

Oração do dia
Senhor Jesus, não tenho como expressar a alegria que toma conta do meu ser quando penso que tu estarás esperando por mim no fim da minha jornada na Terra.

27 de JULHO

A graça seja com todos os que amam
sinceramente a nosso Senhor Jesus Cristo.
EFÉSIOS 6:24

Alguns relacionamentos nesta vida requerem das partes envolvidas apenas um pequeno grau de dedicação. E um grau de reserva e distância também parece ser bem adequado em tais relacionamentos. No entanto, há outros relacionamentos na vida em que tudo isso muda; quando a amizade vira amor, por exemplo. É aí que dois corações se unem para não mais serem dois, mas um só. Ao invés de viverem separados, o seu interesse e caminho passam a estar juntos. A reserva e a distância que há em amizades são fatais ao verdadeiro amor. O amor tudo dá e exige tudo em troca. O querer do outro se torna uma obrigação à qual estamos presos. O anseio mais profundo de cada coração é descobrir todo anelo e desejo secreto um do outro, a fim de que possam fazer tudo que está ao seu alcance para satisfazê-los. Será que é este o tipo de amor, afeição e obediência que você tem por Jesus?

Oração do dia
Senhor Jesus, digo que te amo, mas muitas vezes este
amor tem sido egoísta, exigente. Que eu possa amar-te
de tal forma que os meus desejos sejam os mesmos
que os Teus.

28 de JULHO

Para que aos filhos dos homens se façam notórios os teus poderosos feitos e a glória da majestade do teu reino. SALMO 145:12

Algum tempo atrás me contaram de um clérigo que tinha um amigo que era ator. O ator estava atraindo uma multidão de fãs, e o clérigo pregava para poucos em sua igreja. Ele então perguntou ao seu amigo ator: "Por que você atrai grandes multidões e eu não tenho ninguém que me escute? O que você diz é pura ficção, mas o que eu prego é a verdade imutável." E o ator lhe deu uma resposta simples: "É que eu apresento minha ficção como se fosse verdade, e você apresenta sua verdade como se fosse ficção." Temo que muitas vezes nós, cristãos, damos a ideia de que a verdade é ficção pela forma como vivemos e pela falta de dedicação aos ensinamentos de nosso Senhor.

Oração do dia
Senhor Jesus, rendo minha vida totalmente a ti para que todos saibam que o Salvador a quem amo e sirvo é a verdade!

29 de JULHO

*De fato, sem fé é impossível agradar a Deus,
porquanto é necessário que aquele
que se aproxima de Deus creia que ele existe
e que se torna galardoador dos que
o buscam.* HEBREUS 11:6

Não há nada que agrade mais a Deus do que a fé. A vida cristã depende da fé. Nós somos mantidos pela fé; vivemos por ela. Deus ama e honra a fé mais do que qualquer outra coisa. A Bíblia ensina que a fé é a única coisa que nos aproxima de Deus. Ninguém recebe o perdão dos seus pecados, vai para o Céu, e tem paz e alegria no coração se não tem fé em Jesus Cristo. Você pode até dizer: "Deus, creio que és alguém incrível, mas não tenho fé na Tua Palavra. Eu não creio no que tu dizes." Para agradar a Deus, você tem que crer nele. Talvez sua fé seja pequena e fraca. Mas não importa o tamanho da sua fé, mas onde ela está. Sua fé está em Jesus Cristo, o Filho de Deus que morreu na cruz pelos seus pecados?

Oração do dia

Senhor Jesus, que minha fé em ti e em Tuas abundantes promessas cresça a cada dia!

30 de JULHO

Conserva-te a ti mesmo puro.
2 TIMÓTEO 5:22

Alguém disse certa vez: "Você não pode evitar o primeiro olhar, mas o segundo é pecado". Jesus mostrou que você pode dar lugar à imoralidade através de um simples olhar. A Bíblia coloca a *concupiscência dos olhos* na mesma lista que contém os maiores pecados. Veja só: "Porque tudo que há no mundo, a concupiscência da carne, a concupiscência dos olhos e a soberba da vida, não procede do Pai, mas procede do mundo" (1 JOÃO 2:16). Pedro falou sobre "os olhos cheios de adultério" (2 PEDRO 2:14). Não é de admirar então que Jó tenha dito: "Fiz aliança com meus olhos; como, pois, os fixaria eu numa donzela?" (JÓ 31:1). Seus olhos só veem o que a sua alma permite que eles vejam.

Oração do dia

Que meus olhos possam estar em ti, Senhor Jesus, porque eu preciso que meu coração e minha alma sejam cheios da Tua pureza e do Teu amor!

31 de JULHO

Fiel é esta palavra: Se já morremos com ele, também viveremos com ele. 2 TIMÓTEO 2:11

Eu tenho um amigo que perdeu o emprego, a fortuna, a casa e a esposa durante a Grande Depressão. Mas ele, sabiamente, se apegou à sua fé — a única coisa que lhe restou. Um dia ele parou para ver alguns trabalhadores que usavam pedras para construir uma igreja. Um deles estava talhando um pedaço de pedra triangular. "O que você vai fazer com isso?" — perguntou meu amigo. E o trabalhador disse: "Você está vendo aquela pequena abertura na ponta da torre da igreja? Bem, eu estou moldando esta pedra para encaixá-la ali." Então meu amigo seguiu seu caminho com os olhos cheios de lágrimas, pois parecia que Deus tinha usado aquele homem para lhe explicar a provação pela qual vinha passando — "Eu estou moldando você aqui embaixo para lhe encaixar lá em cima."

Oração do dia
Obrigado, Senhor, por todas as vezes que "moldas" a minha vida, para me aproximares de ti.

1º de AGOSTO

A soberba precede a ruína, e a altivez do espírito, a queda. PROVÉRBIOS 16:18

Davi, rei da antiga Israel, viu-se em meio a uma situação difícil que envolveu toda a nação. Seu reino estava dividido por causa de uma luta interna. Escravos odiavam seus mestres; mestres odiavam seus escravos. O povo acusava o governo; o governo acusava o povo. Davi olhou em volta e descobriu que todo mundo se achava perfeito. Cada um colocava a culpa no outro. E o rei sabia que se aquele orgulho pecaminoso continuasse a crescer, seu país ruiria espiritualmente. Ele sabia que quando há declínio espiritual numa nação, não há como impedir a depressão econômica, a degradação moral e a derrota militar. Então Davi buscou a Deus e Ele lhe revelou pelo Espírito do Senhor que a situação espiritual da nação não ultrapassaria o nível espiritual em que se encontrava seu próprio coração. Logo o rei Davi se prostrou com toda humildade e orou: "Sonda-me, ó Deus, e conhece o meu coração, prova-me e conhece os meus pensamentos; vê se há em mim algum caminho mau e guia-me pelo caminho eterno" (SALMO 139:23,24).

Oração do dia

Senhor, livra-me do pecado do orgulho, e enche-me cada vez mais de humildade ao fazer todas as tarefas que preciso neste dia.

2 de AGOSTO

O Senhor te guiará continuamente, fartará a tua alma até em lugares áridos. ISAÍAS 58:11

A alma precisa da mesma atenção que damos ao corpo. Ela precisa ter intimidade e comunhão com Deus. Também precisa adorar, ter momentos de quietude e meditar. Se a nossa alma não for alimentada e exercitada diariamente, ela vai enfraquecer e definhar. E isso a tornará infeliz, confusa e inquieta. Muitos recorrem ao álcool para tentar afogar as mágoas e os desejos da alma. Alguns buscam isso em novas experiências sexuais. Outros tentam silenciar os desejos de sua alma de outras formas. Mas somente Deus pode satisfazer a alma por completo, pois foi Ele quem a criou. Sem Deus, nossa alma não terá descanso e no fundo viverá atormentada. O primeiro passo para encontrar a Deus é reconhecer sua pobreza espiritual. Para o pobre de espírito, o valor da vida não está nos bens que possui nesta Terra, que um dia findarão, mas nas riquezas eternas, que existirão por toda a eternidade. Sábio é o homem que confessa abertamente sua miséria espiritual e clama com humildade de coração: "...Ó Deus, sê propício a mim, pecador" (LUCAS 18:13).

Oração do dia

Ao olhar para ti, meu Senhor e Redentor, vejo como tens suprido as necessidades da minha alma. Apenas tu me dás alegria duradoura.

3 de AGOSTO

Há caminho que ao homem parece direito,
mas ao cabo dá em caminhos de morte.
PROVÉRBIOS 14:12

O conceito da autorredenção segue uma linha de pensamento que para muitas pessoas parece correto. O homem acha que precisa fazer boas obras para ser salvo. Afinal de contas, foi o próprio homem que pecou, e como se diz: "Deus ajuda quem ajuda a si mesmo". Mas encontramos na Bíblia uma verdade muito maior do que esta: a de que Deus ajuda quem não pode ajudar a si mesmo. Não podemos salvar a nós mesmos. Vale a pena sermos íntegros, se pudermos. É algo admirável ser honesto, gentil e compassivo. E pode até parecer que estas virtudes sejam suficientes para salvar nossa alma. Mas a Bíblia diz que, embora pareça correto, é errado.

Oração do dia
Pai, sei que minhas tentativas de ter uma vida boa não são nada comparadas ao meu amado Salvador, Jesus Cristo; mas por causa dele eu posso me achegar a ti, sabendo que Ele me redimiu.

4 de AGOSTO

Não podeis servir a Deus e às riquezas.
MATEUS 6:24

Diga-me o que você pensa do dinheiro que eu lhe direi o que você pensa de Deus, pois ambos estão intrinsecamente relacionados. O coração do homem está mais apegado à sua carteira do que a qualquer outra coisa. Um fato chocante é que nos últimos anos as pessoas têm gastado dez vezes mais com seu próprio prazer e coisas desnecessárias do que com obras de caridade e propósitos religiosos. Este é um comentário sobre nossa fé religiosa superficial e vazia. Enquanto a Bíblia nos adverte contra a ganância e o egoísmo, também nos encoraja a ter prudência e moderação. Até Jesus disse aos Seus discípulos após ter alimentado a multidão: "Recolhei os pedaços que sobraram, para que nada se perca" (JOÃO 6:12). O Senhor mesmo, embora tivesse poder para criar o que quisesse, levou uma vida de abnegação e sem luxo algum. John Wesley tinha uma filosofia que abrangia três conceitos sobre o dinheiro. Ele disse: "Ganhe o máximo que puder, poupe o máximo que puder, e doe o máximo que puder." Muitos de nós ganhamos o máximo que podemos, gastamos o máximo que podemos, tomamos emprestado o máximo que podemos, e damos o mínimo para Deus.

Oração do dia
Senhor, dá-me um coração generoso para que outros possam conhecer o Teu amor e compaixão.

5 de AGOSTO

*Se, porém, andarmos na luz,
como ele está na luz, mantemos comunhão
uns com os outros, e o sangue de Jesus,
seu Filho, nos purifica de todo pecado.* 1 JOÃO 1:7

Certa vez recebi uma carta de um homem da cidade de Charlotte, na Carolina do Norte, EUA. Ele me contou que antes da nossa Cruzada ali, seu coração estava cheio de ódio, rancor e preconceito contra pessoas de outras raças. Este homem havia se filiado a um grupo extremista e estava prestes a cometer atos de violência. Ele foi ao nosso encontro só por curiosidade, mas numa noite gloriosa acabou se convertendo. Ele declarou: "Eu fui liberto de toda amargura, ira, maldade e preconceito na mesma hora. E quando percebi, estava na sala de aconselhamento ao lado de uma pessoa de outra raça. Em lágrimas, peguei na mão daquele homem, alguém que se fosse poucas horas antes, eu teria odiado. Meu problema racial foi resolvido e descobri que amava todas as pessoas, independentemente da cor da sua pele." Apenas Cristo pode resolver as complicadas questões raciais que o mundo enfrenta hoje. Até que as pessoas de todas as nacionalidades aceitem a Cristo como seu Salvador, não terão a capacidade de amarem umas às outras. Cristo pode conceder um amor sobrenatural que capacitará você a amar até mesmo aqueles que de outra forma, não conseguiria.

Oração do dia
*Pai celestial, enche-me com o amor de Jesus, a fim
de que eu possa alcançar milhares de pessoas que,
se dependesse só de mim, seria impossível amar.*

6 de AGOSTO

...Põe em ordem a tua casa...
2 REIS 20:1

O homem condena a si mesmo quando se recusa a seguir pelo caminho de salvação que Deus preparou. Em Sua misericórdia e amor, Deus oferece ao homem uma rota de fuga, um caminho de salvação, uma esperança e prenúncio das coisas melhores que virão. Mas em sua cegueira, ignorância, teimosia, egoísmo e amor pelos prazeres do pecado, o homem se recusa a aceitar este método simples que Deus preparou para que ele escape do sofrimento de ser banido para sempre da Sua presença. Vamos supor que você fique doente, chame um médico e ele lhe dê uma receita. Mas depois de pensar melhor, você se recusa a seguir sua orientação e decida não tomar o remédio. Ao voltar para vê-lo alguns dias depois, é bem provável que o médico lhe encontre pior do que estava antes. Você pode culpá-lo por isso? Por acaso, ele é o responsável por seu estado ter piorado? Ele lhe deu uma receita, prescreveu um remédio, mas você não quis tomá-lo! Do mesmo modo, Deus prescreveu o remédio para todas as enfermidades do homem. E este remédio é a fé pessoal em Jesus Cristo e o compromisso com Ele. O remédio é o "novo nascimento". Todavia, se o rejeitarmos, sofreremos as consequências. E não poderemos culpar a Deus por isso. Poderemos culpar o Senhor por nos recusarmos a tomar o remédio que Ele oferece?

Oração do dia
Amado Jesus, o Senhor chorou quando sentou e olhou para Jerusalém. Dá-me a mesma compaixão por aqueles que não aceitam o Teu remédio e se recusam a nascer de novo.

7 de AGOSTO

*Porque Deus não nos tem dado espírito
de covardia, mas de poder, de amor
e de moderação.* 2 TIMÓTEO 1:7

Muitas doenças do corpo e da mente são autoinfligidas. Por exemplo, úlceras geralmente são causadas por preocupação e ansiedade. Ataques do coração muitas vezes ocorrem pelo esforço exagerado. Preocupação injustificada, medo, preconceito, ira e inveja contribuem para o estresse mental, que pode acabar levando à enfermidade da mente. Então, uma maneira de ter a mente sadia é evitar estas práticas. Mas a receita bíblica para ter a mente sadia é esta: "Tende em vós o mesmo sentimento que houve também em Cristo Jesus" (FILIPENSES 2:5). Se você tiver a mente de Cristo, a preocupação será compensada pela confiança, a inimizade, pelo amor, e o medo, pela fé.

Oração do dia

*Senhor Jesus, às vezes parece que os medos vão me
vencer, mas então me lembro da Sua dádiva de poder,
do amor e da mente saudável. Graças te dou pela
promessa de cura e amor, ao manter minha mente
em ti, meu amado Senhor.*

8 de AGOSTO

...homens [santos] falaram da parte de Deus, movidos pelo Espírito Santo. 2 PEDRO 1:21

Embora seja possível receber inspiração de qualquer trecho da Bíblia, é melhor ter um conhecimento mais abrangente das Escrituras para extrair o máximo delas. O Antigo Testamento conta a história de uma nação, Israel. E foi desta nação que veio Jesus Cristo, o Salvador do mundo. O Novo Testamento conta a história de um Homem, o Filho do Homem, o Salvador. O próprio Deus se tornou homem para que soubéssemos como Ele é. Sua vinda a esta Terra foi o acontecimento crucial e mais importante da história. O Antigo Testamento revela o cenário deste acontecimento; o Novo Testamento nos conta a história de como isso aconteceu. Você descobrirá a unidade de pensamento e o propósito que há neles, o qual indica a mente que inspirou tudo o que foi escrito.

Oração do dia
Inspira-me, Senhor, ao ler Tua Palavra para que eu possa entender claramente os Teus ensinamentos divinos.

9 de AGOSTO

Por isso, quem crê no Filho tem a vida eterna.
JOÃO 3:36

Atualmente, o cristianismo tem sido comparado a outras religiões como nunca antes. Alguns supostos líderes cristãos têm defendido a criação de um sistema de valores morais, éticos e religiosos que possa unir todas as religiões do mundo. Mas isso não é possível, pois Jesus Cristo é único. Mas por que insistimos na singularidade de Cristo? O que Ele trouxe ao mundo que não existia antes? A resposta cristã é que Jesus é a suprema manifestação de Deus. "Deus estava em Cristo reconciliando consigo o mundo" (2 CORÍNTIOS 5:19). Esta é a verdade eterna da nossa fé cristã.

Oração do dia
Senhor Jesus, as crenças vêm e vão, mas tu permaneces — imutável — pois tu és o Filho de Deus!

10 de AGOSTO

*Nem olhos viram, nem ouvidos ouviram,
nem jamais penetrou em coração humano
o que Deus tem preparado para aqueles
que o amam.* 1 CORÍNTIOS 2:9

No final da Bíblia, lemos estas palavras: "Vi novo céu e nova Terra, pois o primeiro céu e a primeira Terra passaram" (APOCALIPSE 21:1). Um novo mundo está por vir! Toda vez que oramos o Pai nosso e dizemos: "Venha o teu reino", devemos lembrar que esta oração será ouvida. O Céu é descrito como uma nova criação, na qual teremos um novo corpo, um novo nome; cantaremos novos louvores, viveremos em uma nova cidade, com uma nova forma de governo, impelidos por uma nova perspectiva de eternidade onde haverá justiça social para todos. O paraíso que o homem perdeu lhe será restaurado, e ainda haverá muito mais. Não será o antigo reparado, remendado e refeito. Quando Deus diz: "Eis que faço novas todas as coisas", a ênfase está em *todas* as coisas. Um dia viveremos num mundo novinho em folha. Séculos atrás os apóstolos se cumprimentavam dizendo *maranata*, vem, Senhor Jesus!

Oração do dia

Usa-me, Salvador, para acelerar a Tua vinda, ao dizer aos outros que eles, também, podem ser transformados através do Seu divino amor.

11 de AGOSTO

Porque pela graça sois salvos.
EFÉSIOS 2:8

Graça, segundo o dicionário, é o favor imerecido que Deus concede ao homem. A palavra *graça* é usada 134 vezes só no Novo Testamento. E a graça não pode ser comprada; ela é o presente de Deus à raça humana necessitada. Quando olho para a figura de Jesus morrendo na cruz, vejo nele o dom gratuito da graça de Deus reconciliando o mundo em si mesmo. Então eu canto o hino: "Preciosa a graça de Jesus, que um dia me salvou. Perdido andei, sem ver a luz, mas Cristo me salvou". Sua mente humana, com a filosofia de que todo favor deve ser retribuído, não consegue entender o pleno sentido da graça de Deus. Mas quando compreende, pela revelação de Deus, seu pleno significado, você vai transpor os limites da razão humana e se deleitar com as riquezas espirituais e privilégios contidos na verdade celestial. Sim, a graça de Deus é uma realidade. Milhares de pessoas já provaram, experimentaram e comprovaram que esta graça é mais do que um credo inexpressivo, uma módica doutrina ou uma teoria entediante. A graça de Deus tem sido testada pelo crisol da experiência humana e considerada como mais do que suficiente para os problemas e pecados da humanidade.

Oração do dia
Senhor, ajuda-me neste dia a chegar a uma consciência mais completa e abundante de Tua generosa graça. Encoraja-me a servir-te.

12 de AGOSTO

...o meu povo está louco, já não me conhece.
JEREMIAS 4:22

Não há um ser mais patético do que aquele que está passando por grande necessidade e não tem consciência disso. Você se lembra de Sansão? Ele se viu cercado pelos príncipes filisteus no vale de Soreque e "não sabia ainda que já o Senhor se tinha retirado dele" (JUÍZES 16:20). É verdade o que dizem: "Ninguém é mais ignorante do que aquele que não sabe nada e não sabe que não sabe nada. Ninguém é mais doente do que aquele que tem uma doença mortal e não tem consciência disso. Ninguém é mais pobre do que aquele que não tem nada e ainda acha que é rico." O mais lastimável com relação aos fariseus não era sua hipocrisia, mas o fato de não terem consciência alguma de que na verdade eram miseráveis aos olhos de Deus. Há sempre algo lamentável na vida de um homem que pensa que é rico quando na verdade é pobre, que pensa que é bom quando na verdade é mau, que pensa que é culto quando na verdade é indouto.

Oração do dia

Senhor Jesus, que eu jamais venha a esquecer de como era pobre minha alma antes do Teu amor invadir meu coração e me fazer reconhecer-te como meu Salvador.

13 de AGOSTO

Foi precisamente para esse fim que Cristo morreu e ressurgiu: para ser Senhor tanto de mortos como de vivos. ROMANOS 14:9

A Bíblia afirma de uma forma magistral em diversas passagens que a ressurreição de Cristo é um fato inegável. É provável que a afirmação mais direta de todas se encontre num relato de Lucas no livro de Atos, onde ele declara: "A estes também, depois de ter padecido, se apresentou vivo, com muitas provas incontestáveis, aparecendo-lhes durante quarenta dias" (ATOS 1:3). O que vamos fazer então com estas "muitas provas incontestáveis"? Alguém perguntou ao meu colega George Beverly Shea o quanto ele sabia sobre Deus. E ele disse: "Eu não sei muito, mas o que sei é que Ele mudou a minha vida." Não podemos levar todas estas evidências para um laboratório a fim de prová-las, mas se aceitamos algum acontecimento da história, também temos que aceitar o fato de que Jesus Cristo ressuscitou dos mortos.

Oração do dia
Todos os argumentos contra a Tua existência são refutados, Senhor Jesus, ao sentir Tua presença todos os dias. Isso faz a minha alma se regozijar, sabendo que tu, meu Senhor ressurreto, estás comigo!

14 de AGOSTO

*Mas vós sois dele, em Cristo Jesus,
o qual se nos tornou, da parte de Deus,
sabedoria...* 1 CORÍNTIOS 1:30

Eu creio que a formação é importante e devemos estudar o máximo que pudermos, mas não podemos fazer disso o nosso deus. O pedagogo John Dewey certa vez definiu a educação como o processo sistemático e intencional da reconstrução da experiência. Mas há muitas coisas na educação moderna que têm deixado Deus de fora. O que estamos fazendo na verdade é reconstruindo nossos pecados. Estamos aumentando nossos pecados, ampliando e multiplicando-os. Nós precisamos de educação, mas não apenas para o corpo e para a mente; também precisamos de educação para o espírito. O homem tem um espírito, por isso nosso sistema educacional hodierno também precisa dar ênfase ao que é espiritual. Se nos tornarmos uma geração que não possui a sabedoria que Deus quer nos dar, nos tornaremos selvagens e tolos graduados. "O temor do Senhor é o princípio da sabedoria" (PROVÉRBIOS 9:10), e da educação. Vamos nos certificar de que a nossa rocha é o Senhor Deus.

Oração do dia
*Sou-te grato, Deus Todo-Poderoso, por Tua Palavra
educar meu espírito e tornar-me pleno.*

15 de AGOSTO

*Porque tudo o que está nas Escrituras foi escrito
para nos ensinar...* ROMANOS 15:4 (NTLH)

Nas maravilhas da natureza, vemos as leis de Deus em ação. Quem nunca olhou para o céu numa noite estrelada e ficou em silêncio, contemplando com fascínio a gloriosa obra das mãos de Deus? Quem nunca sentiu seu coração se alegrar na primavera ao ver toda a criação desabrochando para uma nova vida com todo o vigor? Vemos na beleza e abundância que nos cercam a magnitude do poder de Deus e os detalhes ilimitados do Seu planejamento. Só que a natureza não nos diz nada sobre o amor e a graça de Deus. É a consciência que no íntimo do nosso ser que nos convence da existência de Deus e da diferença moral entre o bem e o mal. Mas esta é uma mensagem fragmentada, e de forma alguma tão distinta e abrangente quanto as lições da Bíblia. Somente nas páginas bíblicas encontramos a mensagem clara e irrefutável sobre a qual toda verdade do cristianismo é fundamentada.

Oração do dia
*Que ao ler a Tua Palavra, ó Deus Todo-Poderoso, tu
possas limpar minha mente dos pensamentos vãos para
que eu possa estar atento à mensagem que tens para
mim todos os dias.*

16 de AGOSTO

Eu, a quem tem sede, darei de graça da fonte da água. APOCALIPSE 21:6

Deus disse que somente os que tiverem fome de justiça a receberão. Ele não obriga ninguém a receber este maná celestial, mas isso é algo que você precisa desejar acima de todas as coisas. O seu anseio por Deus deve suplantar todos os desejos que temos. Ele deve ser como uma fome insaciável e uma sede ardente.

Oração do dia
Deus Todo-Poderoso, minha alma está seca e estou faminto sem o alimento espiritual que tens para mim. Retira de mim tudo que me impede de ter o Senhor como prioridade em minha vida.

17 de AGOSTO

Observai as aves do céu: não semeiam, não colhem, nem ajuntam em celeiros; contudo, vosso Pai celeste as sustenta. Porventura, não valeis vós muito mais do que as aves? MATEUS 6:26

Alguns funcionários de uma ferrovia britânica encontraram um ninho de tordo debaixo de um dos trilhos. Sentada, bastante tranquila sobre seus ovos, a fêmea não foi perturbada pelo barulho dos trens velozes acima e ao redor dela. Alguém então escreveu um pequeno verso que diz assim:

Disse o tordo ao pardal:

—Eu gostaria de saber por que os seres humanos ansiosos preocupam-se tanto e estão sempre a correr.

Disse o pardal ao tordo:

—Amigo, penso que isso deve ser porque não têm um Pai celeste como o que cuida de mim e de você.

Jesus usou a figura dos pássaros, que não têm preocupação alguma, para enfatizar o fato de que se preocupar não é algo natural. Eu tenho aprendido em minha vida, dia a dia, a manter minha mente em Jesus. Sei que as preocupações, temores e ansiedades deste mundo passarão, e o que restará no coração do homem não será nada mais do que a "perfeita paz". A responsabilidade de cuidar dos nossos anseios e preocupações é de Deus.

Oração do dia

Senhor Jesus, sou mais feliz quando confio totalmente em ti. Peço-te que me ajude neste dia a ser sempre grato pelo Teu cuidado e fidelidade.

18 de AGOSTO

...mas ajuntai para vós outros tesouros no céu.
MATEUS 6:20

Muitos jovens constroem sua vida sobre a rocha do materialismo. E em todos os lugares nos Estados Unidos vejo pessoas de várias profissões muito insatisfeitas com a situação financeira. As pessoas querem mais e mais coisas. Mas elas estão esquecendo de que o país hoje desfruta do melhor padrão de vida que já houve neste mundo. É verdade que ainda há pobreza em nosso país e milhares de agências estão tentando fazer algo para mudar isso, mas ainda assim as pessoas estão descontentes. Queremos sempre mais, mais e mais. Porém Jesus disse: "Não podeis servir a Deus e às riquezas" (LUCAS 16:13). O Senhor disse que a vida de alguém não consiste na abundância de bens que possui. Adolf Berle, em seus estudos sobre o poder, constatou que as riquezas geralmente deixam as pessoas mais tristes e solitárias, e naturalmente, com medo. Quem é rico muitas vezes se sente sozinho e com medo, pois quando faz da sua riqueza o seu deus, isso o deixa vazio. Entenda, sem Deus a vida perde o significado, o sentido e o propósito.

Oração do dia
Pai celestial, conhecer a ti é o que traz riqueza à minha vida e à minha alma.

19 de AGOSTO

*Habite, ricamente, em vós a palavra de Cristo;
instruí-vos e aconselhai-vos mutuamente em
toda a sabedoria, louvando a Deus, com salmos,
e hinos, e cânticos espirituais, com gratidão,
em vosso coração.* COLOSSENSES 3:16

Os cristãos devem se alegrar. Mas para isso, você precisa apenas pensar nas grandes coisas que o Senhor fez por você. A Bíblia diz que não devemos ficar ansiosos, e sim fazer conhecidas nossas petições diante de Deus quando orarmos. Por maior que seja o seu problema, você tem Alguém a quem recorrer; e diante dele pode derramar o seu coração tendo a certeza de que Ele não lhe deixará sem uma resposta para esse grande problema. É por isso que devemos preencher nossa mente com estas coisas boas. E as Escrituras se referem a elas como tudo que é verdadeiro, respeitável, justo, puro, amável, de boa fama, que possui virtude e louvor. É nisso que devemos pensar. Viva de modo positivo, não negativo. Uma vez que você aprender este segredo, Deus lhe dará a vitória.

Oração do dia

*Tu sabes o que hoje me preocupa, Senhor Jesus.
Mas entrego tudo a ti pela fé e te adoro, pois sei que
Teu amor jamais falhará.*

20 de AGOSTO

*Os discípulos, porém, transbordavam de alegria
e do Espírito Santo.* ATOS 13:52

A Palavra de Deus fala de três tipos de prazer. Há o prazer lascivo — a concupiscência da carne — que a Bíblia diz que é errado e pecado. Há o prazer lícito, que não é errado, mas que não devemos dar muito lugar a ele para que não tome o lugar de Deus em nossa vida. Por fim, há o terceiro tipo de prazer, o prazer eterno. Você tem esse prazer? Ele não depende das circunstâncias ou do que sentimos. É o prazer que é mais profundo e vem do Espírito de Deus.

Oração do dia
Deus Todo-Poderoso, que meu prazer seja sempre estar cheio da alegria do Teu Espírito Santo.

21 de AGOSTO

*Nunca mais haverá qualquer maldição.
Nela, estará o trono de Deus e do Cordeiro.
Os seus servos o servirão.* APOCALIPSE 22:3

A Bíblia demonstra que o Céu é um lugar onde conheceremos e entenderemos tudo que jamais soubemos aqui na Terra. Sir Isaac Newton, quando já era de idade avançada, disse para alguém que o elogiava pela sua sabedoria: "Sou como uma criança brincando à beira-mar, pegando uma pedrinha aqui, ou uma concha ali, mas o imenso oceano da verdade continua misterioso diante de meus olhos." E Thomas Edison disse certa vez: "Não conheço um milionésimo de um por cento de coisa alguma." Muitos dos mistérios de Deus — as lutas, provações, decepções, tragédias e Seu silêncio em meio ao sofrimento — serão revelados no Céu.

Oração do dia
Amado Pai, todos os questionamentos serão respondidos quando eu estiver no lar celestial para te adorar.

22 de AGOSTO

*Sabemos que, se a nossa casa terrestre deste
tabernáculo se desfizer, temos da parte de Deus
um edifício, casa não feita por mãos,
eterna, nos céus.* 2 CORÍNTIOS 5:1

A morte para o cristão é como mudar de uma tenda para um edifício. Estamos aqui como peregrinos ou ciganos, vivendo em lares frágeis e inconsistentes; sujeitos a doenças, dor e perigo. Mas quando morremos, trocamos esta tenda rústica e caindo aos pedaços por uma morada nos Céus que não foi feita por mãos de homens. O peregrino morre, se torna aquilo para o qual foi criado, e passa a habitar numa mansão que jamais ruirá ou desmoronará. Você acha que Deus, Aquele que provê tudo para nós nesta vida, não fez nenhuma provisão para a morte? A Bíblia diz que somos estrangeiros numa terra estranha. Nosso lar não é neste mundo; somos cidadãos do Céu. Quando um cristão morre, ele vai para a presença de Jesus. Ele vai ao Céu para estar eternamente com Deus.

Oração do dia
*Senhor amado, hoje, mantém-me consciente de que,
como Seu filho, minha verdadeira casa não está nesta
Terra, mas que um dia eu trocarei essa tenda por uma
casa preparada por ti no Céu.*

23 de AGOSTO

Esquadrinhemos os nossos caminhos, provemo-los e voltemos para o Senhor. LAMENTAÇÕES 3:40

Hoje em dia há uma filosofia de autoconfiança e autossuficiência que tem levado muita gente a crer que podemos nos virar muito bem sem Deus. "Religião", afirmam alguns, "pode até ser bom para algumas pessoas emotivas, mas você não pode vencer alguém que acredita em si mesmo". Só que esta geração autoconfiante tem gerado mais alcoólatras, mais viciados em drogas, mais criminosos, mais guerras, mais lares destruídos, mais violência, mais corrupção, mais assassinatos e mais suicídios do que qualquer outra geração. É hora de todos nós fazermos um balanço dos nossos fracassos, tropeços e erros que nos custaram caro. É hora de confiarmos menos em nós mesmos e colocarmos nossa fé e confiança em Deus.

Oração do dia

Ao examinar meu coração, vejo que ainda há muito de mim mesmo dentro dele. Por isso, peço a ti que me perdoe, Senhor — minha confiança estará em Tua orientação.

24 de AGOSTO

*Em todas estas coisas, porém,
somos mais que vencedores, por meio daquele
que nos amou.* ROMANOS 8:37

O problema crucial que enfrentamos neste mundo não é apenas a desigualdade social, a educação precária ou até mesmo a fome. Temos visto que as pessoas mais graduadas e muito saudáveis também são tomadas por ganância, ódio, desejos e paixões que não são removidas pela boa educação. A raiz do pecado é muito profunda no coração de todos nós, e esta é a principal causa dos problemas do mundo. Somente o fogo do Senhor pode consumir tudo isso. E foi justamente isso que Jesus veio fazer. Ele não veio para tratar os sintomas; Cristo veio para curar a enfermidade que há no âmago do ser humano.

Oração do dia
Pai, arranca o pecado da minha vida, as falhas que há no meu coração, e encha-me do Teu amor para que eu possa lutar contra o mal que hoje assola este mundo.

25 de AGOSTO

...tudo o que é puro [...] seja isso o que ocupe o vosso pensamento. FILIPENSES 4:8

A Bíblia não diz em lugar algum que sexo em si é pecado. O homem, com sua natureza pecaminosa, é que pegou algo que fora criado para ser um ato de amor pleno e glorioso entre um homem e uma mulher e fez dele algo vil, imundo e desprezível. A Bíblia é um dos livros deste mundo que mais fala explicitamente sobre sexo e o condena quando praticado fora dos laços do casamento. O fato de a imoralidade ser desenfreada em todo o país não o torna certo; o fato de alguns clérigos o tolerarem também não o torna certo. A Palavra de Deus diz que "há caminho que parece direito ao homem, mas afinal são caminhos de morte" (PROVÉRBIOS 16:25). Pela lei judaica, o adultério era punido com a morte. E hoje, pela lei de Deus, isso também resulta em morte espiritual.

Oração do dia

Pai, tudo ao meu redor faz parecer tão sedutor transgredir as Tuas leis. Ajuda-me a manter meus olhos fixos em Jesus.

26 de AGOSTO

...foram os discípulos, pela primeira vez, chamados cristãos. ATOS 11:26

Cipriano, bispo de Cartago no terceiro século, escreveu ao seu amigo Donato: "Este mundo é mau, Donato, inacreditavelmente mau. Mas descobri que nele há um povo pacífico e santo, que aprendeu um grande segredo. Eles descobriram uma alegria que é mil vezes maior do que qualquer prazer que temos nesta vida pecaminosa. Eles são desprezados e perseguidos, mas não são abalados por isso. Eles são senhores da sua própria alma. Eles venceram o mundo. Estas pessoas, Donato, são os cristãos... e eu sou um deles." Se você se arrependeu dos seus pecados e aceitou Jesus como seu Salvador, então também é um deles.

Oração do dia

Senhor Deus, hoje quero me lembrar de todos os cristãos que foram antes de mim e agradecer-te pela inspiração da lembrança deles. Que eu jamais deixe de valorizar à herança que tenho em Cristo Jesus.

27 de AGOSTO

*...Assim como oferecestes os vossos membros
para a escravidão da impureza e da maldade
para a maldade, assim oferecei, agora,
os vossos membros para servirem à justiça para
a santificação.* ROMANOS 6:19

Há uma expressão hoje em dia que diz o seguinte: "Não vamos brigar por isso — é maior do que nós dois juntos". Aqueles que são mansos costumam não revidar. Eles sabem que o segredo está em buscar a Deus e se render a Ele, pois é aí que Ele luta por nós. Em vez de encher sua mente de rancor, abusar do seu corpo com diversões pecaminosas ou permitir que a teimosia macule a sua alma, entregue tudo humildemente a Deus. Seus conflitos desaparecerão e as pressões se esvanecerão. Então você verá que sua vida tem valor e terá a sensação de que faz parte de algo bom. O aborrecimento vai se dissipar, e você se tornará vibrante, com esperança e expectativa. Porque você se rendeu humildemente, começará a "herdar a terra" (MATEUS 5:5) e tudo que há de melhor nela, pois é isso o que Deus tem reservado para todos que confiam tudo a Ele.

Oração do dia
*Pai, permita-me render a ti neste dia os meus mais
íntimos pensamentos. Nada posso esconder de ti.*

28 de AGOSTO

E a graça foi concedida a cada um de nós segundo a proporção do dom de Cristo. EFÉSIOS 4:7

Não está escrito em nenhuma passagem da Bíblia que a vida cristã seria um mar de rosas. Na verdade, ela é muito difícil, pois a sociedade está indo por um caminho e os cristãos, por outro totalmente oposto. Mas Jesus disse que em meio aos seus problemas, às suas dificuldades, Ele estará com você para dar Sua graça e paz. Apesar de todos os problemas, o Grande Pastor guiará às "águas de descanso" (SALMO 23:2). Muitas pessoas tomam calmantes para tentar ficar calmas, mas Jesus é o melhor de todos os calmantes. Ele pode endireitar sua vida e colocar você no lugar que deve estar. Permita então que o Senhor assuma todo o controle. Assim, você seguirá regozijando pelo caminho, como aqueles no Novo Testamento que tiveram um encontro com Jesus.

Oração do dia

Eu preciso ter forças e paz, Senhor Jesus, pois tenho enfrentado muitas lutas. Eu busco a ti pela fé na certeza de que receberei o dom da Tua paz em minha vida.

29 de AGOSTO

*E vos revestistes do novo homem
[...] segundo a imagem daquele que o criou.*
COLOSSENSES 3:10

Uma jovem de longos cabelos loiros de uma universidade do sul do país estava indo muito bem em seus estudos, mas de repente parou de tirar boas notas. "A vida se tornou uma sucessão de coisas entediantes", ela confessou depois. "Eu não estava com muitos problemas, mesmo assim não estava conseguindo desfrutar a vida. Coisas simples me faziam perder a paciência. Então eu conheci alguns rapazes que pareciam saber algo que eu não sabia, mas não conseguia descobrir o que era. Nós fomos a vários cultos, e numa noite o pregador disse que não merecemos o amor de Deus, mas que Ele nos aceita como somos. Foi então que eu percebi que não era uma questão de acumular certo número de horas fazendo boas obras. Ao contrário, eu tinha que me entregar totalmente. Pela fé, eu precisava deixar que Deus assumisse o controle. E tudo isso veio de uma vez no momento em que aceitei Jesus como meu Senhor e Salvador. Agora eu sei que Deus está em mim e em tudo que faço. Minha vida ganhou um novo sentido". Sua vida também ganhou um novo sentido? Ela pode! Basta você se entregar agora a Jesus Cristo. Se você fizer isso, este será o primeiro passo para que você encontre realização pessoal, significado e alegria em sua vida.

Oração do dia
Amado Pai, eu peço a ti que assuma o controle de todas as áreas da minha vida. Aproxima-me do Teu Filho, meu Salvador, Jesus Cristo.

30 de AGOSTO

*Ouvistes que foi dito: Amarás o teu próximo
e odiarás o teu inimigo. Eu, porém,
vos digo: amai os vossos inimigos e orai pelos
que vos perseguem; para que vos torneis filhos
do vosso Pai celeste...* MATEUS 5:43-45

H. G. Wells disse ao resumir a importância de Jesus na história: "Não é de admirar que este galileu seja grande demais para nosso pequeno coração?" Mesmo assim, embora o coração do homem seja pequeno, ele é grande o bastante para que Cristo habite nele; contanto que haja lugar somente para Ele. Jesus colocou o amor cristão no coração daqueles que o seguem para que vivessem sem malícia e morressem sem rancor. Somente Deus pode nos dar o amor que o Senhor pregava, pois ele integra o fruto do Espírito. Jesus Cristo transformará sua vida se você o aceitar. Seu passado será perdoado e você receberá poder para amar seu semelhante; um poder que vai além da capacidade natural de amar.

Oração do dia

*Amado Pai, concede-me o mesmo Espírito de amor
que levou os discípulos a viverem pela verdadeira
compaixão.*

31 de AGOSTO

...o justo, ainda morrendo, tem esperança.
PROVÉRBIOS 14:32

Ninguém gosta de falar da morte; este é um assunto proibido na nossa geração. Mas a morte é uma realidade para todos nós. Às vezes eu vejo alguns filmes com atores que já não estão mais entre nós. E alguns deles eram até meus amigos pessoais. Eles parecem tão vivos nos filmes, embora já tenham morrido. A morte é uma realidade, e quando morrermos, esta é uma batalha que enfrentaremos sozinhos. Ninguém pode estar conosco nessa hora, mas Davi disse que encontrou a solução para acabar com o medo da morte. Ele disse que há uma solução para a morte, que ainda há esperança além dela. Esta esperança se encontra no Cristo ressuscitado. Paulo disse que "deixar o corpo" é o mesmo que "habitar com o Senhor" (2 CORÍNTIOS 5:8). É assim que o medo da morte é vencido.

Oração do dia
Senhor Jesus, com plena confiança eu contemplo aquele dia em que minha alma estará contigo por toda a eternidade.

1º de SETEMBRO

Vinde após mim, e eu vos farei pescadores de homens. MATEUS 4:19

O próprio Senhor Jesus foi o primeiro missionário! Ele não ficou sentado esperando passivamente que quem estivesse interessado nos Seus ensinamentos viessem a Ele. O Senhor foi onde estavam os feridos, fracos e doentes, e proclamou Sua mensagem de alegria, cura e salvação. Até mesmo quando estava em Sua tenra idade, Ele foi ao Templo e "ensinou" aos doutores e mestres da Lei que estavam presos às antigas tradições. Jesus percorreu as cidades junto ao mar e ali passou a fazer parte da vida das pessoas mais comuns dizendo: "Vinde após mim, e eu vos farei pescadores de homens". Aonde quer que fosse, Ele desafiava, libertava e transformava as pessoas. E, finalmente, o pregaram em uma cruz porque Ele se tornou uma ameaça ao modo estável, egoísta e presunçoso de vida deles. Jesus foi mais do que um missionário, pois também levou Seus seguidores a se tornarem missionários!

Oração do dia
Aonde quer que eu vá, farei deste lugar um campo missionário para ti, Senhor. Ajuda-me a jamais esquecer disso para que eu possa compartilhar com todos a mensagem de alegria.

2 de SETEMBRO

*Porque a nossa luta não é contra o sangue
e a carne, e sim contra os principados
e potestades, contra os dominadores deste mundo
tenebroso, contra as forças espirituais do mal,
nas regiões celestes.* EFÉSIOS 6:12

Toda a vida é uma luta constante — e este é o rumo natural das coisas. Os médicos dizem que até dentro do nosso corpo físico acontece uma luta pela supremacia. Os leucócitos travam uma luta incessante contra os germes invasores. Os glóbulos vermelhos vivem em luta junto com os glóbulos brancos para manter a vida dentro do corpo. E há uma batalha sendo travada no reino espiritual também. "Nossa luta", diz a Palavra de Deus, é "contra os dominadores deste mundo tenebroso" (EFÉSIOS 6:12). As trevas odeiam a luz. Eu tenho um cachorro que prefere desencavar um osso velho para ficar roendo a ter uma refeição limpa e deliciosa. Ele não consegue evitar — é sua natureza. Os homens não conseguem evitar que sua natureza faça o que é impuro, lascivo e vil. E eles terão dificuldade de fazer o contrário se não nascerem de novo. E se não forem transformados pelo poder de Cristo, eles serão inimigos daqueles que pertencem ao Senhor.

Oração do dia
As batalhas desta vida precisam ser enfrentadas, mas sei que não poderei enfrentá-las sem ti, meu Pai celestial.

3 de SETEMBRO

Porque, quando ainda convosco, vos ordenamos isto: se alguém não quer trabalhar, também não coma. 2 TESSALONICENSES 3:10

Uma das responsabilidades do cristão na sua caminhada com o Senhor é ter uma nova atitude em relação ao trabalho. Muitos jovens querem Jesus, mas não querem ter responsabilidade. Mas o Senhor não era de fugir do trabalho. Como carpinteiro, Ele trabalhou arduamente com as mãos. O apóstolo Paulo fazia tendas para se manter enquanto realizava a obra que Deus lhe havia designado. Toda a obra que o cristão faz, ele faz para o Senhor. Por isso, ele deve se empenhar ao máximo no seu negócio ou na profissão que exerce. E deve ser fiel, transparente e honesto.

Oração do dia
Senhor Jesus, obrigado por nos ensinares que o trabalho é uma bênção.

4 de SETEMBRO

*Carregando ele mesmo
em seu corpo, sobre o madeiro, os nossos
pecados...* 1 PEDRO 2:24

Jesus trabalhou a vida toda. Mas não foi numa carpintaria que Ele realizou a maior de Suas obras, muito menos nas bodas de Caná, onde transformou água em vinho.

A maior obra que o Senhor realizou não foi quando Ele fez o cego ver, o surdo ouvir, o mudo falar, nem tampouco o morto ressuscitar. A maior obra que Jesus realizou também não foi ensinar como quem tem autoridade ou quando criticou severamente os fariseus pela hipocrisia deles. A grande obra de Cristo não foi o magnífico sistema moral que Ele apresentou à humanidade; sistema este que se tornou a base da cultura ocidental. Qual, então, foi a maior de Suas obras? A maior obra que Jesus realizou ocorreu durante aquelas três horas de trevas no Calvário. Sua maior obra foi ter morrido por nós.

Oração do dia
Ao pensar na obra que realizaste nesta Terra, que te levou ao supremo sacrifício, oro com todo o fervor neste dia para te glorificar, meu amado Salvador.

5 de SETEMBRO

*Tu, Senhor, conservarás em perfeita paz
aquele cujo propósito é firme;
porque ele confia em ti.* ISAÍAS 26:3

Você tem um ego — a consciência de que é um indivíduo. Claro que tem. Mas isso não significa que deve adorar a si mesmo, só pensar em si e viver inteiramente para o seu bel-prazer. O senso comum lhe diz que sua vida seria miserável se agisse assim. Deus está infinitamente mais interessado em sua felicidade do que você poderia estar. Ele diz: "Negue a si mesmo e siga-me" (MARCOS 8:24). Há muitas pessoas desequilibradas em clínicas psiquiátricas hoje em dia porque pensaram demais em si mesmas e excluíram Deus e os outros de sua vida. Os hipocondríacos, que ficam ansiosos demais para tomar seus remédios, nunca se sentirão bem, independentemente da sua condição física.

Oração do dia
Ajuda-me a manter minha mente em ti, Senhor, e a dominar os pensamentos que tenho de mim mesmo, que acabam me roubando a Tua paz.

6 de SETEMBRO

E vos revistais do novo homem.
EFÉSIOS 4:24

Eles contam uma história no Texas de um homem que toda manhã amarrava seu cavalo em frente a uma taberna. Um dia, o dono daquele lugar saiu e viu que o cavalo estava amarrado em frente à Igreja Metodista. Ele viu o homem andando na rua e lhe perguntou: "Diga-me, por que hoje você amarrou seu cavalo em frente à Igreja Metodista?" O homem se virou e disse: "Bem, ontem à noite eu me converti no culto de avivamento e agora mudei o poste onde amarro meu cavalo". Nascer de novo é justamente isso. É isso que significa se converter. Significa mudar o local onde você se estabelece.

Oração do dia
Que eu possa viver de tal forma que as pessoas saibam que estou preso à liberdade do Teu amor.

7 de SETEMBRO

*...e habitarei na Casa do SENHOR
para todo o sempre.* SALMO 26:3

Como será o Céu? Assim como o inferno é um mistério para nós, o Céu também o é. Porém, eu creio no que a Bíblia ensina, que o Céu é um lugar literal. Será que o Céu é uma das estrelas? Eu não sei e nem posso presumir como seja, pois a Palavra de Deus não nos diz nada a respeito. Creio que lá no espaço, onde há centenas e milhares de galáxias, cada uma com diâmetro de centenas de milhares anos luz ou mais, Deus pode encontrar um lugar para nós no Céu. Para mim não importa onde seja, pois sei que será onde Jesus estiver. Os cristãos não devem andar de cabeça baixa, desanimados e aflitos. Lembre-se de que Jesus nos dá paz, alegria, a certeza do Seu perdão; e no futuro também nos dará o Céu.

Oração do dia
Não importa o que eu tiver que enfrentar, meu coração se alegra por saber qual será meu destino final: o Céu, onde viverei contigo eternamente!

8 de SETEMBRO

...Deus ama a quem dá com alegria.
2 CORÍNTIOS 9:7

A maior bênção em ofertar não está no lado financeiro da questão, e sim no espiritual. Quando fazemos isso, temos a sensação que estamos sendo honestos com Deus. Também passamos a entender que somos parceiros dele, que estamos fazendo algo construtivo, trabalhando com Ele para alcançarmos o mundo para Cristo Jesus. Isso também nos faz perder espontaneamente o apego pelas coisas do mundo, pois os princípios eternos estão sempre em evidência para nós. Como é que você costuma ofertar? Com liberalidade e alegria? Ou com moderação e relutância? Se você tem ofertado a Deus o que sobra dos seus ganhos e até da sua vida, você está perdendo a verdadeira alegria e a bênção de ofertar e do viver cristão.

Oração do dia

Deus Todo-Poderoso, perdoa-me porque tenho ofertado a ti somente o que sobra. Em meu coração eu sei que jamais poderei dar a ti mais do que me dás.

9 de SETEMBRO

*Porque, em tudo, fostes enriquecidos
nele, em toda a palavra e em todo
o conhecimento.* 1 CORÍNTIOS 1:5

Jamais houve conflito entre a verdadeira ciência e a nossa fé cristã. Tenho para mim que quando toda a verdade for descoberta, veremos que a história contada no livro de Gênesis é um relato maravilhoso e preciso sobre o que aconteceu quando o mundo foi criado. Este pode ser um registro telescópico, informando apenas pontos principais, mas acredito que seja cientificamente preciso. É uma grande tolice rejeitar a Bíblia só porque há algo nela ou no mundo que não entendemos muito bem. Se for assim, eu quero propor que os professores se abstenham de assuntos que não estão qualificados a tratar. Conheço incrédulos que atacam a fé cristã através dos seus ensinamentos, apesar de não terem a menor ideia do que é o verdadeiro cristianismo. Por exemplo, não se envia um crítico de arte para analisar um jogo de futebol ou um repórter esportivo para avaliar uma pintura. Peça a Deus que lhe dê sabedoria para entender as coisas como elas realmente são. E, acima de tudo, leia sempre a Bíblia e ore todos os dias. Se você fizer isso, Deus lhe dará a fé e a sabedoria que você precisa para resolver seus problemas.

Oração do dia
Pai, todos os dias quando leio a Bíblia tu me revelas a verdade do Teu amor e da Tua sabedoria. Como tenho prazer na Tua Palavra!

10 de SETEMBRO

Sê fiel até à morte...
APOCALIPSE 2:10

Em nossos dias, grande parte do mundo acredita pouco ou nada. As pessoas são liberais, mas vazias. O agnosticismo, a ansiedade, a solidão e a depressão têm dominado o mundo, e até mesmo a igreja. Nossa juventude tem buscado desesperadamente um propósito e um sentido na vida. Eles têm buscado algo que os faça se sentirem realizados, algo que não encontram no sexo e nas drogas. Nossos ancestrais, por outro lado, continuam sendo para nós um exemplo glorioso de homens que eram austeros, mas profundos; tinham convicção do que criam, sua lealdade era inabalável e se dedicaram com fervor ao Deus que confiavam e por quem morreriam de bom grado se fosse preciso. Faz mais de 350 anos que os peregrinos vieram para o Novo Mundo e fundaram os Estados Unidos, mas eu quero lhe dizer: tenha grandes sonhos, não abra mãos dos grandes princípios, renove sua esperança. E, acima de tudo, como eles fizeram, creia em Jesus, pois somente Ele pode dar pleno sentido e propósito à sua vida. "Pois nele vivemos, e nos movemos, e existimos" (ATOS 17:28).

Oração do dia

Que eu possa sempre ser fiel à minha crença em ti, Senhor Jesus Cristo! E onde houver aflição, usa-me para levar a Tua esperança.

11 de SETEMBRO

*Fiel é Deus, pelo qual fostes chamados
à comunhão de seu Filho Jesus Cristo,
nosso Senhor.* 1 CORÍNTIOS 1:9

A pergunta que não quer calar: "Como Deus pode ser justo — ou seja, verdadeiro em Sua natureza e santidade — e ainda assim justificar um pecador?" Já que toda a humanidade foi contaminada pela mesma doença, o homem não deveria receber mais ajuda alguma e ainda teria de dar conta dos seus pecados. A única solução então era que um inocente aceitasse substituir o homem e morrer física e espiritualmente em seu lugar perante Deus. Este inocente teria que ser julgado, condenado e morrer pelo homem. Mas onde poderíamos encontrar tal pessoa? Na Terra é que não seria, com toda a certeza. Só havia uma possibilidade: o Filho de Deus era o único ser no Universo que podia levar sobre Seu próprio corpo os pecados do mundo. O Unigênito de Deus é eterno, e por isso pôde morrer por todos nós.

Oração do dia
Senhor Jesus, Cordeiro de Deus, em adoração sou grato a ti pelo amor que te dispôs a sofrer e morrer na cruz pelos meus pecados.

12 de SETEMBRO

*Bem-aventurados os mansos,
porque herdarão a Terra.* MATEUS 5:5

Era típico de Jesus fazer afirmações surpreendentes e revolucionárias ao povo, como quando Ele disse que são "bem-aventurados os mansos". E o que o Senhor disse foi justamente o oposto da concepção moderna de bem-aventurança. Nós dizemos que "bem-aventurados são os mais espertos, pois eles terão a admiração dos seus amigos; bem-aventurados os obstinados, pois eles conseguirão construir uma carreira de sucesso; bem-aventurados os ricos, pois eles terão um monte de amigos e uma casa cheia de utensílios modernos." Jesus não disse que "devemos ser mansos para herdar a Terra". Ele, mais do que ninguém, sabia que a mansidão é um dom de Deus, um resultado do novo nascimento. Cristo não estava dando uma ordem nas bem-aventuranças ou dizendo que "devemos ser mansos, pois é assim que devemos viver". Não! O que Ele estava dizendo é que se quisermos descobrir o segredo da felicidade, se quisermos desfrutar a vida, o segredo é a mansidão.

Oração do dia
Que eu possa verdadeiramente refletir Tua mansidão em minha vida, Senhor!

13 de SETEMBRO

*Sim, deveras considero tudo como perda,
por causa da sublimidade do conhecimento
de Cristo Jesus.* EFÉSIOS 3:8

"Onde Jesus está?" Diversos estudiosos têm pesquisado a vida de Cristo para definir se Ele e o evangelho possuem de fato algum valor, se o Senhor é relevante nos dias hodiernos. C. S. Lewis, que foi professor de Literatura medieval e Renascimento na Universidade de Oxford, e mais tarde em Cambridge, também fez a mesma coisa. Ele passou a vida examinando a vasta literatura escrita ao longo dos séculos. Em sua memorável autobiografia, *Surpreendido pela alegria* (Ed. Ultimato, 2016), ele narra a peregrinação que o levou do ateísmo ao cristianismo. E o momento decisivo para Lewis foi quando ele compreendeu que os escritos que continham o sentido mais profundo e o conteúdo mais grandioso eram baseados em uma fé profunda e pessoal em Deus, de homens como Agostinho, Blaise Pascal e George Macdonald.

Oração do dia
Senhor Jesus, não há nada que eu deseje mais do que caminhar junto a ti, meu Senhor e Salvador.

14 de SETEMBRO

Nisto conhecerão todos que sois meus discípulos: se tiverdes amor uns aos outros. JOÃO 13:35

A alma humana é muito solitária e precisa de companhia para se sentir segura. No que depender dela mesma, não terá prazer em nada. Deus disse no princípio: "Não é bom que o homem esteja só" (GÊNESIS 2:18). A criação de Eva deu início ao relacionamento na vida do homem. O povo de Deus é um corpo que não foi criado para funcionar separadamente, muito menos para se importar apenas consigo mesmo. O verdadeiro e único corpo que há no mundo é a Igreja. O mundo pode até falar muito sobre fraternidade, mas sua filosofia na verdade é "cada um por si". Deus assegurou que Seus filhos tivessem a mais verdadeira e rica amizade, tanto aqui como no mundo vindouro. E apenas no verdadeiro amor e amizade podemos encontrar uma base sólida para a paz. Somente Deus pode romper as barreiras nacionais e raciais que hoje dividem a humanidade. Só Deus pode prover o amor que precisamos para com nosso semelhante. Portanto, o homem jamais poderá viver de modo fraternal nesta Terra até ser um crente em Jesus. Somente o Senhor pode unir o coração dos homens no verdadeiro amor.

Oração do dia
Pai, ensina-me a verdadeira fraternidade em Jesus Cristo.

15 de SETEMBRO

Que aproveita ao homem ganhar o mundo inteiro e perder a sua alma? Que daria um homem em troca de sua alma? MARCOS 8:36,37

No mundo em que vivemos, nos dedicamos ao máximo para satisfazer os desejos do corpo e não fazemos praticamente nada para satisfazer nossa alma. Como resultado, acabamos nos atentando apenas a um aspecto apenas. Hoje somos obesos física e materialmente, mas somos magros, fracos e anêmicos espiritualmente. A alma precisa de tanta atenção quanto o corpo. Ela precisa ter intimidade e comunhão com Deus. Também precisa adorar e ter momentos de quietude e meditação. Se nossa alma não for alimentada e exercitada diariamente, ela se tornará fraca e definhará. Isso a fará se sentir infeliz, confusa e inquieta. Muitos recorrem ao álcool para tentar afogar as mágoas e os desejos da alma. Alguns buscam isso em novas experiências sexuais. Outros procuram outras formas de acalmar os anseios da sua alma. Mas somente Deus pode satisfazer a alma por completo, pois foi Ele quem a criou. Sem Deus, nossa alma não terá descanso e no fundo viverá atormentada.

Oração do dia

Querido Senhor, agradeço-te por me ouvires quando minha alma clamou por perdão e amor. Ajuda-me a viver, hoje, como um filho Teu.

16 de SETEMBRO

Mas nós pregamos a Cristo crucificado...
1 CORÍNTIOS 1:23

Um dos maiores desafios da igreja atualmente é fazer com que todo cristão se sinta motivado com sua fé em Jesus Cristo. Esta é a essência da experiência espiritual mais importante. Os apóstolos estiveram com Jesus e não tiveram como deixar de testificar o que viram e ouviram. Todo cristão deve ser um embaixador de Cristo, tomando o exemplo altruísta de São Francisco de Assis. Também deve estar tão contagiado por Jesus e com uma chama divina tão ardente dentro de si que nada possa apagar. O evangelho que Paulo pregou parecia loucura no mundo de sua época. E é esta loucura que precisamos ter! Que tenhamos um pouco da sublime obsessão que os cristãos primitivos possuíam! Temos que seguir em frente como homens e mulheres cheios do Espírito de Deus!

Oração do dia
Cria em mim, Senhor, uma entrega tal que a mensagem do Teu amor venha inundar todo o meu ser.

17 de SETEMBRO

*Assim, também a língua, pequeno órgão
[...] como uma fagulha põe em brasas
tão grande selva!* TIAGO 3:5

Há uma história de uma mulher na Inglaterra que estava com a consciência pesada e foi procurar o padre. Só que esta mulher falava mal de todo mundo no vilarejo, e o vigário sabia disso. "O que preciso fazer para me redimir", perguntou ela. E o padre disse: "Se você quiser ficar com consciência tranquila, pegue um saco de penas de ganso e coloque uma na porta de cada pessoa que você difamou". Depois de fazer isso, ela voltou a procurar o padre e perguntou: "É só isso?" "Não", disse o velho e sábio clérigo. "Agora você tem que pegar de volta todas as penas e trazê-las de volta para mim." Depois de muito tempo, a mulher retornou com apenas uma pena. "O vento levou embora todas as outras", disse ela. "Minha boa senhora", disse o vigário, "assim é a fofoca. As palavras desagradáveis são facilmente lançadas, só que nunca mais conseguiremos pegá-las de volta."

Oração do dia
Que toda palavra que eu disser sobre alguém seja no espírito da Tua bondade, Pai.

18 de SETEMBRO

*Na verdade, não temos aqui cidade permanente,
mas buscamos a que há de vir.* HEBREUS 13:14

Um dos desejos mais essenciais da alma é poder viver para sempre. A autopreservação é a primeira lei da natureza. Muitas pessoas até se sentem cansadas das dores, do sofrimento e da fraqueza da velhice, mas nunca se cansam da vida em si. Deus já preparou uma maneira de satisfazer este desejo que a alma tem de viver para sempre e de ser liberta da dor, da doença e da aflição. O homem é uma criatura pequena com uma capacidade enorme, um ser finito com desejos infinitos, que não merece nada, mas quer tudo. Deus criou o homem com esta grande capacidade e desejo para que Ele pudesse vir e satisfazê-lo por completo. O Criador fez o coração do homem tão grande para que somente Ele pudesse preenchê-lo. O Pai o criou com tantas necessidades para que somente Ele pudesse supri-las. Jesus Cristo é o único que possui as chaves da morte. E com Sua morte e ressurreição, Ele tomou o aguilhão da morte e agora Deus concede a vida eterna a todo aquele que colocar sua fé e confiança em Seu Filho Jesus.

Oração do dia
Senhor Jesus, sei que quando minha vida nesta Terra acabar, tu estarás lá para levar-me à morada celestial. Obrigado, meu Pai amado.

19 de SETEMBRO

Assim, pois, cada um de nós dará contas de si mesmo a Deus. ROMANOS 14:12

Eu não concordo com a afirmação de Karl Marx de que "a religião é o ópio do povo". Eu nunca procurei defender a religião, pois ela gerou guerras. Muitos que se dizem religiosos têm sido considerados preconceituosos, orgulhosos, ofensivos e até mesmo defensores da escravidão. Mas eu diria a você para ter fé em Jesus, que disse: "Amarás o teu próximo como a ti mesmo" (MATEUS 19:19). Você está realmente preocupado? Está decepcionado com a sociedade? Eu o desafio então a dar o primeiro passo. Eu lhe desafio a olhar para si mesmo.

Oração do dia
Senhor Jesus Cristo, perdoa-me porque não tenho conseguido amar o meu próximo. Que eu possa demonstrar a todos o Teu amor e compaixão por meio da minha vida!

20 de SETEMBRO

*Pois somos feitura dele, criados em
Cristo Jesus para boas obras, as quais
Deus de antemão preparou para que
andássemos nelas.* EFÉSIOS 2:10

A felicidade e todos os recursos inesgotáveis estocados para nós no armazém celestial dependem do nosso relacionamento com Deus. Dependência absoluta e rendição total são as condições para sermos os Seus filhos. E somente os Seus filhos têm o direito de receber tudo que os levará à felicidade; e para se tornar filho de Deus, é necessário haver uma entrega à Sua vontade. Antes de recebermos as riquezas do Pai, temos que reconhecer que somos pobres. Temos que admitir que não somos nada antes de sermos adotados como Seus filhos. Quando entendermos que toda bondade que há em nosso ser é como trapo de imundícia aos olhos de Deus e percebermos o poder destrutivo das nossas vontades egoístas, quando reconhecermos que precisamos depender da graça de Deus pela fé e nada mais, aí então começaremos a trilhar o caminho para a felicidade. O homem não pode conhecer a Deus por meio das obras; ele só pode conhecê-lo por meio da graça. Você não pode criar um caminho que o leva à felicidade e ao Céu, não pode moralizar seu caminho, ou então reformar esse caminho, muito menos comprar o caminho. Ele é dado como um presente de Deus por meio de Cristo.

Oração do dia

*Faze-nos compreender sempre, Senhor Jesus, que
somente pela graça podemos conhecer a ti; que é por
Tua causa que somos justos diante de ti.*

21 de SETEMBRO

*Porque os atributos invisíveis de Deus,
assim o seu eterno poder, como também
a sua própria divindade, claramente
se reconhecem, desde o princípio do mundo...*
ROMANOS 1:20

Podemos tentar exaustivamente encontrar uma explicação lógica para a existência de Deus, mas nunca conseguiremos. Há mistérios de Deus que jamais saberemos nesta vida. Como o pequeno e finito, limitado ao tempo e espaço pode entender um Deus infinito? Não devemos achar estranho ser impossível explicar muitos mistérios que há no reino da matéria. Como explicar o fato de que os objetos são sempre atraídos para o centro da Terra? Quem pode entender a lei da gravidade? Isaac Newton a descobriu, porém não pôde explicá-la. Quem pode explicar o milagre da reprodução? Assim, há muitas provas e fundamentos que provam a existência de Deus. Mas a grande verdade é esta: Deus não pode ser provado por mera racionalização. Ele não pode ser colocado num reles tubo de laboratório feito pelo homem ou confinado a uma fórmula matemática. Se a mente humana pudesse de fato provar a existência de Deus, então Ele não é maior do que a mente que o prova.

Oração do dia
Senhor Todo-Poderoso, embora minha mente limitada não possa entender a magnitude da Tua grandeza, sinto a Tua presença no silêncio do meu coração e com isso me alegro.

22 de SETEMBRO

*E não há salvação em nenhum outro;
porque abaixo do céu não existe nenhum
outro nome, dado entre os homens, pelo qual
importa que sejamos salvos.* ATOS 4:12

A salvação é uma obra de Deus. É iniciada por Deus, forjada e sustentada por Ele. A fé que salva a alma é descrita como fé em Cristo o Filho de Deus — não como a de um homem bom ou de um grande homem, mas unicamente a do Filho gerado pelo Deus vivo! Isso é consistente com o testemunho de todo o Novo Testamento e com os sermões dos primeiros pregadores do evangelho. Todos declararam a necessidade da fé na deidade de Jesus Cristo.

Oração do dia
*Senhor Jesus, Filho de Deus, eu te adoro sem reservas
e louvo o Teu santo nome.*

23 de SETEMBRO

...e não permitirá que sejais tentados além das vossas forças... 1 CORÍNTIOS 10:13

A intenção de Satanás é desviar nossa mente para que possa roubar do nosso coração a semente da verdade. Deve encorajá-lo saber que o diabo considera você um cristão suficientemente bom para lhe usar como alvo. A diferença entre um cristão e um ímpio é que embora ambos tenham bons e maus pensamentos, Jesus dá forças àqueles que o seguem para escolher o certo ao invés do errado. Quando vemos um homem indo para uma reunião de oração com a Bíblia debaixo do braço, com toda a certeza ele foi tentado a ficar em casa, a ir jogar futebol ou a fazer outra coisa. Mas embora estes pensamentos tenham tentado desviar sua mente, ele tomou a decisão correta e foi à igreja. Outro homem sai à noite e vai a um bar. Sem dúvida alguma ele deve ter pensado em algum momento que seria melhor ter ficado em casa com sua família. No entanto, ele cedeu ao pensamento errado e acabou se rendendo aos desejos da carne. O que importa não são as tentações que nos sobrevêm, e sim as decisões que tomamos quando somos tentados.

Oração do dia
Eu tenho que tomar decisões todos os dias, Senhor. Ajuda-me, em Tua força e sabedoria, a fazer as melhores escolhas.

24 de SETEMBRO

*Luz para revelação aos gentios, e para glória
do teu povo de Israel.* LUCAS 2:32

Se pudéssemos olhar através de poderosos telescópios ou escutar por um aparelho de som muito potente, poderíamos ver e ouvir o som das "estrelas metálicas" que Estados Unidos e Rússia colocaram no espaço nos últimos anos. E nenhuma dessas estrelas artificiais trouxe paz ao mundo até hoje. Porém, a estrela de Deus [Jesus] prometeu paz ao mundo se o homem confiasse e cresse nela. Vez ou outra, estas estrelas artificiais nos trazem medo e apreensão. Nosso céu repleto dessa parafernália, pairando sobre nós e gerando uma insegurança infernal em todas as nações, certamente não pode nos trazer a felicidade que sonhávamos no século passado. No entanto, ainda há uma canção sendo entoada: Jesus Cristo está vivo! Ele está conosco e Sua presença é real para acabar com a aflição, dar esperança, perdoar pecados, vencer a solidão e nos reconciliar com Deus.

Oração do dia
*Tua paz alcança todos os que amam e confiam em ti,
Senhor Jesus ressurreto. Amado Salvador, eu louvo o
Teu santo nome!*

25 de SETEMBRO

Lava-me completamente da minha iniquidade e purifica-me do meu pecado. SALMO 51:2

Culpa é uma palavra muito usada por psicanalistas, psiquiatras e até por pastores. O dicionário define culpa como "ato ou omissão repreensível ou criminosa; falta voluntária, delito, crime". Muitos são os sintomas da culpa, mas sua raiz é uma só. Nós transgredimos a lei moral do Universo descrita nos Dez Mandamentos e no Sermão do Monte. Por isso há em nós um sentimento de culpa. E esta culpa gera vários problemas psicológicos como a insegurança, o medo, o desejo de aprovação, lutas por reconhecimento. Alguns psiquiatras dizem que precisamos tanto do sentimento de culpa como do sentimento de medo, pois ambos evitam que venhamos a nos ferir.

Oração do dia
Teu Espírito Santo toca o meu coração e me torna consciente da minha culpa. Perdoa-me, Senhor.

26 de SETEMBRO

*E será pregado este evangelho do reino
por todo o mundo.* MATEUS 24:14

Somos mordomos do evangelho. E o poder de proclamar as boas-novas no Céu e na Terra não foi dado aos anjos; foi dado aos homens redimidos. Isto foi direcionado a humildes leigos. Alguns acham que só os pastores podem pregar, mas isso está errado. Todo cristão deve ser uma testemunha; todo aquele que segue a Jesus deve pregar o evangelho. Podemos pregar o evangelho contando nosso testemunho a outras pessoas, exaltando a Cristo diariamente em nossa vida. Ver uma pregação dá mais resultado do que apenas ouvir. Mas a verdade é que as melhores pregações são aquelas que podemos ver e ouvir. Elas são como um testemunho audiovisual. Também podemos pregar ofertando para que outros possam anunciar o evangelho. Ofertas missionárias, doações à igreja e contribuições generosas falam bem alto e revelam nossa liberalidade e generosidade cristãs. Em tudo isso somos parceiros de Deus, pois pela Sua graça estamos ajudando a redimir o mundo. Deus precisa do nosso tempo, dos nossos talentos, do nosso testemunho e do nosso dinheiro hoje em dia mais do que nunca antes na história. Seja um parceiro de Deus atuante e de todas as formas.

Oração do dia

*Senhor, aonde quer que eu vá hoje, que eu me importe
com as pessoas. Elas precisam do Teu amor. Então se
eu posso falar de ti, que seja com palavras gentis ou de
que eu aja de maneira semelhante ao Senhor — sempre
amoroso e generoso.*

27 de SETEMBRO

...o vosso corpo é santuário do Espírito Santo.
1 CORÍNTIOS 6:19

Quem é o Espírito Santo? Ele é Deus, assim como o Pai e o Filho também são. Nós nos referimos a Eles como a Trindade. Você me pede para explicar a Trindade. Nossa mente só consegue ter um entendimento muito parco das grandes verdades espirituais, pois somos finitos e Deus, infinito. Algo que nos ajuda é lembrar que Deus Pai, o Filho e o Espírito Santo existem desde a eternidade. Ao Filho coube a obra da criação, e a Palavra de Deus nos diz que "todas as coisas foram feitas por intermédio dele, e, sem ele, nada do que foi feito se fez" (JOÃO 1:3). No entanto, ao lermos o segundo versículo do primeiro capítulo de Gênesis, vemos que o Espírito Santo também estava lá, movendo-se sobre a face das águas durante a criação. No tempo determinado, o Filho de Deus veio a esta Terra como um homem para redimir o mundo que Ele havia criado. E após Sua morte na cruz e ressurreição, Jesus voltou para o Pai no Céu. Porém, durante o Seu ministério terreno, Sua vida e obra se limitaram a uma determinada região na Palestina. E após voltar ao Céu, Cristo enviou o Espírito Santo para exercer Seu ministério em todo o mundo. Hoje, o Espírito Santo ilumina a mente das pessoas, nos leva a desejar a Deus e nos ensina as verdades espirituais para que possamos compreendê-las. O Espírito Santo tem atraído pessoas para Cristo no mundo inteiro. Ele habita no coração dos que creem e os ajuda todos os dias. Ser um cristão cheio do Espírito Santo é o tipo de cristão que Deus quer que sejamos.

Oração do dia
Saber que Teu Espírito habita em meu coração me traz conforto e fortalecimento, Senhor Jesus.

28 de SETEMBRO

Antes que Abraão existisse, EU SOU.
JOÃO 8:58

A vida de Jesus não começou em Belém. A Bíblia diz que "no princípio era o Verbo, e o Verbo estava com Deus, e o Verbo era Deus" (JOÃO 1:1). Jesus disse que já existia antes da fundação do mundo. Ele estava lá quando o Pai criou a Lua e as estrelas com Suas próprias mãos reluzentes. Ele estava lá quando Deus criou este planeta. Jesus sempre existiu. Ele é "de eternidade a eternidade" (SALMO 90:2).

Oração do dia

Senhor Jesus, tu sempre exististe e vieste a esta Terra por amor a fim de me resgatar das profundezas do pecado. Em humilde adoração eu te louvo, meu Senhor e Salvador.

29 de SETEMBRO

Para que, segundo a riqueza da sua glória, vos conceda que sejais fortalecidos com poder, mediante o seu Espírito no homem interior. EFÉSIOS 3:16

Horace Pitkin, filho de um rico comerciante, converteu-se e foi como missionário para a China. Ele escreveu aos seus amigos nos Estados Unidos dizendo: "Logo saberei, de uma vez por todas, se poderei servir a Deus melhor aqui ou lá em cima." Pouco tempo depois, uma multidão pôs abaixo o portão e invadiu o local onde Pitkin protegia mulheres e crianças. Ele foi decapitado e sua cabeça oferecida no templo de um deus pagão, enquanto seu corpo foi lançado numa cova com os corpos de outros nove cristãos chineses. Sherwood Eddy disse ao escrever sobre ele: "Pitkin venceu mais homens em sua morte do que jamais poderia ter vencido em sua vida." Jesus precisa de pessoas hoje que possuam a mesma essência dos mártires! Atreva-se a assumir uma posição firme e inflexível para Ele!

Oração do dia
Obrigado, Senhor, pelo exemplo daqueles que se foram antes de nós. Ajuda-me a tomar posse desse poder ilimitado também.

30 de SETEMBRO

*A ti levanto as mãos; a minha alma anseia
por ti, como Terra sedenta.* SALMO 143:6

Há pouco tempo, visitei o reitor de uma grande universidade americana. Nós olhamos pela janela e vimos milhares de alunos indo para a aula. Então lhe perguntei: "Qual é o maior problema aqui na universidade?" Ele pensou por um momento e me disse: "O vazio". Muitos alunos aqui se sentem entediados, solitários e à procura de algo. Eu posso ver isso no rosto deles. Uma jovem daqui foi visitar o pai dela, que é um homem rico, e lhe disse: "Pai, eu desejo algo, mas não sei o que é." E é isso o que acontece com muita gente; desejamos algo que resolva os problemas mais sérios que temos na vida, mas não sabemos onde encontrar. Davi afirmou: "Eu já encontrei, e nada me faltará". O apóstolo Paulo colocou desta forma: "...aprendi a viver contente em toda e qualquer situação" (FILIPENSES 4:11). Você não precisa desistir da vida, colocar as mãos na cabeça e chorar dizendo: "Não tem jeito". Você pode ter a paz, a alegria, a felicidade e a segurança de Deus, e a sua vida pode se tornar a mais emocionante deste mundo.

Oração do dia
Senhor Jesus, tu saciaste a sede e o desejo da minha alma. Bendito seja o Teu nome!

1º de OUTUBRO

*Porque a palavra de Deus é viva,
e eficaz, e mais cortante do que qualquer espada
de dois gumes.* HEBREUS 4:12

Como podemos vencer o diabo na nossa vida diária? Primeiro, precisamos entender que ele é um inimigo que já foi derrotado. O Filho de Deus veio para desfazer as obras do diabo. A crucificação de Jesus, que parecia uma grande vitória de Satanás, se tornou o maior triunfo de Deus, pois foi na cruz que o Senhor levou todos os nossos pecados. Deus colocou nossos pecados em Cristo, de modo que quando nosso Senhor inclinou a cabeça disse: "Está consumado", Ele estava se referindo ao plano da redenção e da salvação. Temos que resistir ao diabo então. Se lhe resistirmos, a Bíblia diz que ele fugirá de nós. O Senhor não teve que discutir com o diabo para vencê-lo, mas apenas usou a Palavra. Por isso é tão importante aprender e memorizar passagens bíblicas.

Oração do dia
Pai celestial, obrigado pela proteção da Tua Palavra ao enfrentar as tentações diárias.

2 de OUTUBRO

Estou plenamente certo de que aquele que começou boa obra em vós há de completá-la até ao Dia de Cristo Jesus. FILIPENSES 1:6

Ser cristão significa muito mais do que uma conversão instantânea. É um processo diário no qual você cresce mais e mais para ser semelhante a Cristo. Quando começa, é como um bebê. Precisa ser alimentado com as coisas simples da Bíblia, e então aos poucos aprende a caminhar na vida cristã. Apesar de tropeçar e cometer muitos erros no começo, continuará crescendo. No entanto, há muitas pessoas que param de crescer e passam a vida inteira como bebês espirituais. E a triste realidade é que isso é muito comum hoje em dia. Talvez seja até a sua realidade. Você se lembra do dia que entregou seu coração e sua vida a Jesus? Você tinha certeza da vitória. Parecia que era fácil ser mais do que vencedor por Cristo, que amou você. Milhares de cristãos têm travado uma luta pessoal consigo mesmos. A grande necessidade da cristandade atualmente é que os cristãos aprendam o segredo de ter uma vida vitoriosa sobre o pecado.

Oração do dia
Pai, eu tropecei várias vezes, mas amorosamente tu me deste forças para perseverar.

3 de OUTUBRO

*Ele revela o profundo e o escondido;
conhece o que está em trevas, e com ele
mora a luz.* DANIEL 2:22

Não há qualquer divergência entre a verdadeira ciência e a verdadeira religião, pois fé e ciência se completam. Juntas, elas formam a base perfeita para que tenhamos plena fé e coragem em nossa vida diária. Quando Galileu Galilei, o pai da ciência moderna, descobriu que a Terra girava em torno do Sol, e não o contrário, alguns líderes religiosos da época ficaram indignados, pois defendiam outra teoria. Mas, no fim, acabaram se reconciliando. Desde então, muito nos alegra saber que a verdadeira ciência caminha lado a lado com a profunda fé religiosa. Então, podemos dizer que o cristianismo é supra-científico. Há caminhos além da ciência que levam à verdade. E Cristo Jesus é o Senhor da verdade espiritual. Portanto, quanto mais procuramos ter intimidade com o Mestre, mais Ele nos revela estas verdades.

Oração do dia
*Obrigado, Pai, por teres me revelado Teu amor ao
enviar Teu amado Filho para morrer em meu lugar.
Qualquer descoberta que a ciência fizer jamais será
maior do que este milagre celestial!*

4 de OUTUBRO

*Jesus, aproximando-se, falou-lhes,
dizendo: Toda a autoridade me foi dada no céu
e na Terra.* MATEUS 28:18

Tenha respeito pelas autoridades. Até Jesus Cristo estava sob a autoridade do Pai celestial... Ele viveu por um propósito: cumprir a vontade de Deus. Existe uma cadeia de comando, e a autoridade máxima no topo é Deus. Qual é a autoridade em sua vida? O seu egoísmo? A sua luxúria? A sua ganância? Ou você entregou tudo isso a Deus e disse: "Senhor, tu terás a autoridade sobre minha vida"? Apenas quando você está sob autoridade, pode assumir uma posição de autoridade.

Oração do dia

*Ainda há áreas da minha vida que precisam estar
sob Tua autoridade, Senhor Jesus. Dá-me graça e forças
para entregar tudo a ti.*

5 de OUTUBRO

Bem-aventurado o homem, SENHOR, a quem tu repreendes... SALMO 94:12

Às vezes, Deus permite que o cristão sofra para que possa aprender o segredo da obediência. O salmista disse: "Antes de ser afligido, andava errado, mas agora guardo a tua palavra" (119:67). Davi só aprendeu a obedecer a Deus depois de sofrer muito e passar por grandes aflições. Meu querido amigo cristão, se você está sofrendo hoje nas mãos de Deus e já perguntou a Ele mil vezes "por quê", eu peço a você que tenha calma e seja paciente perante o Senhor e ouça Sua voz mansa e suave. Prostre-se diante da Sua mão amorosa e reconheça que o Sol ainda está brilhando acima das nuvens. Deus tem um plano e um propósito para sua vida, e o que está acontecendo com você é para o seu bem.

Oração do dia
Sempre que sofro, o velho homem diz dentro de mim: "Por quê, Senhor?" Mas o meu novo homem que nasceu de novo e foi cheio do Espírito diz: "Eu confio em ti, Pai."

6 de OUTUBRO

*Bem-aventurados os que têm fome e sede
de justiça, porque serão fartos.* MATEUS 5:6

Para mim tem sido um privilégio entender o que significa andar nos caminhos do Senhor. Que experiência feliz e emocionante acordar toda manhã e sentir Sua presença! Que experiência alegre e impressionante é saber que à noite, quando o sol se pôr, a paz do Senhor estará conosco quando formos para a cama a fim de termos um sono que só podem dormir aqueles que conhecem a Cristo! Que prazer é viver esta eterna e infinita experiência com Jesus! Você anseia por tal caminhada? Deseja ter essa paz, alegria, contentamento, resignação e aventura em sua alma? Se esta é sua fome e desejo, Deus então fará justamente o que prometeu: Ele vai tornar sua vida plena. Toda promessa que o Senhor já fez, Ele cumpriu ou ainda cumprirá.

Oração do dia
Obrigado, Senhor, pela promessa de tornar minha vida plena com Teu amor.

7 de OUTUBRO

...sabemos que este é verdadeiramente o Salvador do mundo. JOÃO 4:42

História, filosofia, teologia e até mesmo ciências têm sido estudadas em muitos centros de aprendizagem só para descobrir o que podem dizer sobre Jesus Cristo. Os registros da Igreja Primitiva estão sendo reexaminados por seu testemunho dele. Arqueólogos estão escavando para descobrir novas evidências. Uns dizem que Jesus Cristo é um mito da história e nunca existiu. Outros falam que Ele foi apenas um homem, que não há nada de sobrenatural no Seu nascimento e que Sua ressurreição não passa de uma alucinação. Outros ainda falam de um cristianismo sem Cristo. Outros dizem que não afeta em nada no cristianismo o que alguém pensa a respeito de Cristo. Mas todos eles estão errados! O cristianismo sempre estará ligado à Pessoa de Jesus. Thomas Carlyle reconheceu isso quando disse: "Se a doutrina da deidade de Cristo tivesse sido perdida, o cristianismo teria desaparecido como um sonho". O historiador William Lecky declarou: "O cristianismo não é um sistema moral; é a adoração a uma Pessoa."

Oração do dia
Senhor Jesus, tu és o Cristo vivo que eu amo e adoro.

8 de OUTUBRO

Isto vos mando: que vos ameis uns aos outros.
JOÃO 15:17

Como devemos amar? Devemos amar como Deus nos ama, demonstrando aceitação e apreciação, aceitando uns aos outros como Ele faz. Diversos pais se recusam a aceitar e valorizar seus filhos pelos que eles são. Por isso que só nos Estados Unidos, em um determinado ano, um milhão de crianças fugiu de casa. Um grupo de pesquisadores da Universidade de Yale chegou à conclusão de que a maioria destas crianças na verdade estava fugindo porque era infeliz no seu ambiente familiar. Elas queriam ser valorizadas. Dizem que os motivos da delinquência são lares desfeitos, pobreza, falta de áreas de lazer, saúde fragilizada, racismo, mães que precisam trabalhar e daí por diante. E parece que os especialistas jamais mencionaram a falta de amor e fé em Deus. E estes são os dois elementos mais importantes para que os adolescentes cheguem bem à maturidade. Qual foi a última vez que você elogiou seus filhos ao invés de criticá-los? Davi orava por Salomão e o elogiava todos os dias; e temos que elogiar nossos filhos diariamente também. Elogie seu cônjuge. Descobri que elogiar é muito melhor do que criticar. Todo mundo precisa ser valorizado.

Oração do dia
É tão fácil criticar aqueles que estão próximos a mim. Mas, Senhor, eu te peço que me dês do Teu amor sem reservas para que eles possam saber como têm valor para mim.

9 de OUTUBRO

Buscai, pois, em primeiro lugar, o seu reino.
MATEUS 6:33

Aquele cuja atenção está toda voltada para o lucro financeiro, negócios, prestígio social, ou então que dedica toda a sua afeição a uma só pessoa acaba tendo um sentimento terrível de perda, pois nega aquilo que dá sentido à vida. E é nesse momento trágico que ele percebe como é angustiante se sentir totalmente sozinho. Mas é neste momento também que o Espírito Santo pode remover todas as vendas que o mundo pôs em seus olhos para que ele veja claramente pela primeira vez. E quando isso acontece, ele reconhece que Deus é a única fonte do verdadeiro poder e o manancial eterno de onde jorram amor e comunhão.

Oração do dia

A partir das profundezas, meus olhos viram que somente o Teu amor é imutável e eterno, Senhor. Ajuda-me a colocar-te em primeiro lugar em tudo que eu fizer.

10 de OUTUBRO

*E o meu Deus, segundo a sua riqueza em glória,
há de suprir, em Cristo Jesus, cada uma de
vossas necessidades.* FILIPENSES 4:19

O homem anseia por alimento, e Deus envia o sol e a chuva sobre os campos dourados de grãos. Os grãos se transformam em farinha, e a farinha no pão que sacia a fome humana. O homem anseia por amor, e Deus acende o fogo da ternura em outro coração para que ambos sejam completos nos laços do sagrado matrimônio. O homem anseia por conhecimento, e Deus cria instituições de ensino, escolhe alguns para serem professores e move o coração dos ricos para patrociná-los. Deste modo, sua sede de conhecimento é saciada. O homem anseia por relacionamento, e Deus permite que eles construam cidades onde possam compartilhar suas indústrias, conhecimento e habilidades. Mas não venha me dizer que Deus pode suprir toda necessidade material do homem em abundância e ainda assim permitir que ele tenha fome espiritual. Deus satisfaz a fome e a sede dos que desejam Sua justiça porque ama o mundo com afeição inesgotável.

Oração do dia
*Tu supriste com abundância as minhas maiores
necessidades, Pai celestial, pois me deste o Teu amor.*

11 de OUTUBRO

...sabendo o que está guardado para vocês lá adiante, vocês não se cansarão de ser cristãos...
HEBREUS 6:12 (BÍBLIA VIVA)

Você sabe o que diz o estudo de quase todos os sociólogos sobre a juventude de hoje? O maior problema que os jovens enfrentam atualmente não é o sexo, mas o tédio. Isso mesmo, o tédio. Você sabe o que os jovens disseram quando perguntaram por que eles haviam causado tamanha destruição numa manifestação na praia de Hampton em New Hampshire? Muitos deles disseram: "Só por diversão!" Tédio. A vida não tem nenhum propósito, nenhum sentido. Mas entregue sua vida a Jesus e você nunca mais passará outro minuto entediado.

Oração do dia
Senhor Jesus, minha vida foi inundada pelo esplendor do Teu amor quando a entreguei a ti.

12 de OUTUBRO

*Tornai-vos, pois, praticantes da palavra
e não somente ouvintes.* TIAGO 1:22

Jesus profetizou que a sociedade vai se tornar muito tolerante pouco antes de Ele voltar. "Assim como foi nos dias de Noé, será também nos dias do Filho do Homem" (LUCAS 17:26). O mundo hoje vive uma baderna imoral como não se via deste os dias de Roma. Vivemos numa sociedade hedonista, e o que temos visto é a natureza humana mostrando o que ela realmente é sem Deus. Muitos têm caído no antinomianismo [*N.E.: Doutrina que afirma que a salvação é obtida apenas pela graça, diminuindo a importância das leis de Deus.*], crido apenas de um modo intelectual e vivido como o diabo, achando que Deus irá perdoá-los e permitirá que entrem no céu. Creio que se quisermos seguir a Jesus, devemos ser obedientes ao evangelho, negar a nós mesmos e levar a nossa cruz. Ser cristão é algo muito sério.

Oração do dia

Senhor Jesus, ensina-me a negar meus desejos egoístas e obedecer aos Teus mandamentos. Purifica-me para que eu possa tocar esta sociedade, profundamente, para ti.

13 de OUTUBRO

...mas crendo, exultais com alegria indizível.
1 PEDRO 1:8

Jesus é a resposta para a tristeza e o desânimo. Este é um mundo de esperança ilusória, sonhos desiludidos e desejos frustrados como diz G. K. Chesterton: "Em todo lugar há correria, barulho e confusão, mas em nenhum lugar há felicidade profunda e quietude de coração." Um colunista escreveu o seguinte sobre uma famosa atriz de Hollywood: "O brilho e a alegria radiante esvaíram-se do seu belo rosto." Otimismo e alegria são o resultado de conhecer a Jesus. Se o coração estiver numa mesma ligação com Deus mediante a fé em Jesus Cristo, ele transbordará de otimismo alegre e bom ânimo. Você nunca estará livre de desânimo e abatimento até que tenha sido sintonizado com Deus. Jesus é a fonte da felicidade. Ele é o manancial de alegria. E este é o segredo da alegria cristã.

Oração do dia
Pelo Teu amor desfruto o prazer de ter um coração tranquilo. E no fundo sinto, uma alegria que ninguém pode roubar. Que eu possa sempre manter os meus olhos em ti, Senhor, pois tu és a minha fonte de alegria.

14 de OUTUBRO

O que anda em justiça [...] habitará nas alturas.
ISAÍAS 33:15,16

Ter uma conduta transparente também significa ser sincero e íntegro no trato com seu semelhante. O cristão tem que ser conhecido no seu bairro e no seu local de trabalho como alguém honesto, uma pessoa em quem se pode confiar. Jesus disse: "Bem-aventurados os puros de coração" (MATEUS 5:8). Você quer ser feliz? Então aplique esta bem-aventurança ao seu coração. Tome isso para si. Os puros de coração são somente aqueles que sabem o que significa ser plenamente feliz. Seu coração é puro para com Deus e, como resultado, também é puro para com seu próximo. Eles são puros porque possuem Aquele que é tudo em todos, e por isso não invejam os bens materiais que os outros possuem. Eles são felizes porque não invejam o enaltecimento que os outros recebem. Como não têm inimigos, não consideram ninguém seu inimigo. E o fruto disso é a paz com Deus e com o mundo.

Oração do dia
Senhor Jesus, perdoa-me porque meu coração está longe de ser puro. Confesso a ti agora todos os meus pensamentos mais íntimos.

15 de OUTUBRO

As palavras que eu vos tenho dito são espírito e são vida. JOÃO 6:63

Jesus disse a um dos homens mais religiosos do seu tempo: "Importa-vos nascer de novo" (JOÃO 3:7). Só que Nicodemos não podia trocar seu profundo conhecimento religioso por um novo nascimento espiritual, assim como nós também não podemos. Li um livro sobre esqui aquático e não demorou muito para eu entender que não aprenderia a esquiar apenas lendo um livro sobre o assunto; eu não tinha nenhuma experiência nisso. Li vários livros sobre golfe, mas nenhum deles me fez jogar melhor. Se quiser isso, terei que ir para um campo de golfe e jogar. Você pode até estudar teologia e religião, mas vai chegar uma hora em que você mesmo vai ter que vivenciar uma experiência pessoal com Cristo.

Oração do dia
Senhor, tu me deste vida, e eu te louvo!

16 de OUTUBRO

A minha alma suspira e desfalece pelos átrios do Senhor. SALMO 84:2

Um dos maiores problemas que as pessoas enfrentam atualmente é a solidão. Ela é a razão principal do suicídio; que hoje em dia está em terceiro lugar como a maior causa de mortes entre estudantes nos Estados Unidos. As pessoas sentem diversos tipos de solidão. Uma das mais comuns é a solidão por isolamento. Também existe a solidão por causa do sofrimento, da culpa e das críticas. Todos nós por vezes sentimos solidão pela falta de Deus. Alguém disse que isso é uma solidão cósmica, mas na verdade não sabemos o que é, ela nos deixa inquietos. Veja bem, o homem foi criado por Deus; sem Deus então, ele estará sozinho. Mas Jesus está batendo à porta do nosso coração e dizendo: "Quero entrar. Deixe-me entrar". Ele não arromba a porta para entrar; nós é que temos que abri-la e convidá-lo para entrar. Quando fazemos isso, Ele entra e nunca mais nos deixa sozinhos, pois estará conosco para sempre.

Oração do dia
Senhor Jesus, lembro-me da aflição do tempo em que não estava contigo. Leva-me até as pessoas solitárias que também precisam experimentar a alegria de estar na Tua presença.

17 de OUTUBRO

*Tu, Senhor, conservarás em perfeita
paz aquele cujo propósito é firme; porque ele
confia em ti.* ISAÍAS 26:3

Você está em busca da paz? Deseja ter paz em sua vida? Talvez você tenha achado que teria paz se ganhasse muito dinheiro, mas isso não aconteceu. Quem sabe achou também que a teria se tivesse muito conhecimento, então conseguiu todos os diplomas que podia, mas mesmo assim não encontrou esta paz. Você procurou nas religiões do mundo, mas também não a encontrou. Quando você vai a Cristo por um passo de fé, Ele lhe dá o Espírito Santo, que produz o fruto do Espírito, e lhe dá a paz que excede todo o entendimento.

Oração do dia
Tua presença enche minha mente de paz, Senhor, e me faz entender que tudo que eu preciso és tu, Pai celestial.

18 de OUTUBRO

*Em paz me deito e logo pego no sono,
porque, Senhor, só tu me fazes repousar
seguro.* SALMO 4:8

Num mundo materialista que tenta desfazer as relações diplomáticas com Deus, não há outro lugar para nos abrigarmos senão dentro de nós mesmos. Somos como tartarugas num engarrafamento; o melhor que temos a fazer é colocar a cabeça para dentro da couraça e fechar os olhos. Mas como qualquer tartaruga pode comprovar, esta é uma ótima maneira de morrer esmagado. O conflito do homem consigo mesmo nada mais é do uma representação do nível do conflito entre o homem e Deus. O homem não terá paz com seu próximo, enquanto não encontrar uma trégua com Deus. Se quisermos ser pacificadores, primeiro temos que encontrar a paz com Deus.

Oração do dia
*No nome de Jesus, encontrei a paz contigo, Pai.
Minha alma glorifica o Teu santo nome.*

19 de OUTUBRO

*Quando te chamei, tu me respondeste e,
com o teu poder, aumentaste as minhas forças.*
SALMO 138:3 (NTLH)

Em algum momento da nossa vida, todos nós sentimos a dor do luto. Marta e Maria ficaram muito tristes com a morte do seu irmão, Lázaro. E Marta disse a Jesus: "Senhor, se estiveras aqui, não teria morrido meu irmão" (JOÃO 11:21). A sua solidão era pelo sofrimento. O menor versículo da Bíblia nos diz que diante do sepulcro de Lázaro, "Jesus chorou" (JOÃO 11:35). Ele adentra os nossos sofrimentos. Quando aceitamos Jesus, Ele não promete nos livrar de todos os problemas e sofrimentos. Lágrimas serão derramadas, mas lá no fundo haverá uma alegria que é difícil de explicar. É uma alegria que vem Deus, gerada pelo Espírito Santo. Em meio às provações, à dor e às lágrimas que virão a todos nós, um poder sobrenatural será liberado e trará alegria.

Oração do dia
Amado Senhor Jesus, Teu consolo em tempos de dor me envolve trazendo luz e esperança em minha escuridão.

20 de OUTUBRO

*...a tribulação produz perseverança;
e a perseverança, experiência; e a experiência,
esperança. Ora, a esperança
não confunde.* ROMANOS 5:3-5

Deus jamais prometeu tirar a tentação de nós, pois até Jesus foi sujeito a isso. A Bíblia diz que "foi ele tentado em todas as coisas, à nossa semelhança, mas sem pecado" (HEBREUS 4:15). Não há motivo algum para buscarmos escapar da tentação, pois estas horas de provação sempre nos trazem benefícios. Há um sentimento de conquista e segurança provenientes da vitória sobre a tentação que não podemos sentir de nenhuma outra forma. A tentação mostra quem as pessoas realmente são. Ela não nos torna ímpios ou cristãos. Ela torna o cristão mais forte e o leva a descobrir os recursos do poder que estão disponíveis a ele. Podemos tirar proveito do que pode ser trágico, basta descobrir que quando for tentado, Jesus pode se tornar mais real para você do que nunca, assim como a salvação adquire um maior sentido.

Oração do dia

*Que eu possa me lembrar do Teu exemplo nos
momentos em que a tentação vier, Senhor Jesus.*

21 de OUTUBRO

...Cristo em vós, a esperança da glória.
COLOSSENSES 1:27

"O homem pode salvar a si mesmo? Ele precisa de Deus?" Esta é a velha questão que continua afligindo o mundo tão impiedosamente como antes. E enquanto este mundo existir, as pessoas construirão torres de Babel, investirão na sua própria imagem e inventarão novas ideologias. Atualmente, assim como em todo o período da história, muitos acham que conseguem se virar sem Deus. E eles até que conseguem se virar bem no que diz respeito às suas finanças, ao seu próprio intelecto e à sociedade. Mas abaixo da superfície do homem racional há um vácuo — um espaço que só pode ser preenchido por Jesus Cristo. O fato mais extraordinário de toda a história é que o grande e Todo-Poderoso Deus celestial pode habitar em seu coração. Independentemente de quem você seja.

Oração do dia
Tu preenches o vazio e realiza o desejo da minha alma.
Preciso da presença do Teu Espírito, amado Senhor.

22 de OUTUBRO

*Concluímos, pois, que o homem
é justificado pela fé, independentemente
das obras da lei.* ROMANOS 3:28

Muitos ainda se apegam à ideia de que o homem é bom por natureza. Mas não aprendemos isso com os gregos, pois Aristóteles disse que "não há bondade no homem." Também não aprendemos isso com o judaísmo, pois Jeremias disse que "enganoso é o coração, mais do que todas as coisas, e desesperadamente corrupto; quem o conhecerá?" (JEREMIAS 17:9). Do mesmo modo, não aprendemos isso nos ensinamentos cristãos, pois o apóstolo Paulo disse que "todos pecaram e carecem da glória de Deus" (ROMANOS 3:23). Nós temos essa ilusão, penso eu, dos filósofos e psicólogos do século 19 e do início do século 20, que começaram a ensinar a falsa doutrina de que o homem é vítima indefesa do ambiente em que vive. Contudo, a Bíblia diz que o homem é mau por natureza. A primeira rebelião da história aconteceu no Jardim do Éden, onde o ambiente era perfeito e não havia antepassados a quem culpar!

Oração do dia
*Faz-me lembrar da magnitude da perfeição que há
em ti toda vez que eu ficar obcecado com a ideia de que
tudo que faço é bom, Senhor.*

23 de OUTUBRO

*Assim como meu Pai me confiou um reino,
eu vo-lo confio.* LUCAS 22:29

Muitas pessoas perguntam: "Onde fica o céu?" E as Escrituras não dizem onde ele fica. Alguns alunos pegaram umas passagens da Bíblia, juntaram alguns versículos e disseram que o céu fica no Norte. Citam o Salmo 48:2: "A alegria de toda a Terra […] para os lados do Norte". A agulha magnética aponta para o norte. Talvez a Cidade Celestial seja no norte. Não sabemos. Mas não importa onde seja o Céu; o mais importante é que Jesus estará lá. Muita gente pergunta: "Você crê que o Céu é um lugar literal?" Sim! Jesus disse que iria "preparar um lugar para nós." A Bíblia diz que tanto o corpo físico de Enoque como o de Elias ascenderam para um lugar tão real como Los Angeles, Londres ou Rio de Janeiro! A Palavra de Deus também afirma que o Céu será um lugar de grande beleza e o descreve como "um edifício de Deus", "uma cidade", "uma nação melhor", "uma herança", "uma glória". A Bíblia também sugere que o Céu será um lugar de grande entendimento e conhecimento de tudo que jamais aprendemos nesta Terra.

Oração do dia
Senhor Jesus, saber que tu vives e preparaste um lugar para mim no Céu traz consolo e gozo à minha alma.

24 de OUTUBRO

Não julgueis, para que não sejais julgados.
MATEUS 7:1

A palavra *preconceito* significa "prejulgar" ou "pensar algo de alguém sem saber se é verdade". O preconceito é um sinal de fraqueza, não de força. Uma maneira de medir o preconceito é calculando a distância entre as nossas opiniões tendenciosas e a verdade de fato. Se formos totalmente sinceros com Deus, jamais seremos preconceituosos.

Oração do dia

Pai, tu amaste cada um de nós de maneira a romper toda a barreira do preconceito. Perdoa-me por, às vezes, julgar os outros. Purifica meu coração e usa-me para atrair pessoas para os laços que nos ligam ao amor de Cristo.

25 de OUTUBRO

Espera pelo Senhor, tem bom ânimo...
SALMO 27:14

O desânimo não é algo novo. Muitos dos grandes personagens da Bíblia se sentiram desanimados. Moisés no deserto do Sinai; Elias, quando soube que Jezabel estava à procura dele para tirar sua vida; e Davi, quando Seu Filho Absalão se rebelou contra ele. O desânimo é tão antigo como a história da humanidade. E ele sempre acontece por algum motivo. Geralmente ficamos desanimados quando não conseguimos o que queremos, quando as coisas não saem do jeito que planejamos. O desânimo é o oposto da fé. É um artifício que Satanás usa para atrapalhar a obra de Deus em sua vida. O desânimo cega nossos olhos para que não possamos ver as misericórdias do Senhor e nos faz enxergar somente as circunstâncias adversas. Jamais conheci alguém firme na fé, que passava tempo diariamente em oração e estudando a Bíblia, que tenha ficado desanimado por muito tempo.

Oração do dia
Senhor, quando eu me sentir desanimado, tira toda a cegueira causada pela minha fé inconstante. Tu estás sempre comigo. Perdoa o meu ingrato coração.

26 de OUTUBRO

Eu sou o pão vivo que desceu do céu. JOÃO 6:51

Em João 6:48, lemos o que Jesus diz: "Eu sou o pão da vida". O Senhor disse isso logo após ter alimentado 5.000 pessoas com cinco pães e dois peixes. Todos eles estavam animados e eufóricos com o grande milagre que havia acontecido, mas o que Jesus estava falando era algo mais importante do que suprir as necessidades básicas. O pão nas Escrituras simboliza a vida espiritual. A fome que o homem tem de Deus é algo inato; e nada pode satisfazer esta sua fome senão Deus. Somente Ele pode prover o pão que satisfaz o desejo que há na sua alma e a fome que há em seu coração. Por isso, a Bíblia diz que Jesus é o Pão da Vida.

Oração do dia

Senhor Jesus, obrigado por satisfazeres os desejos mais profundos do meu coração. Tua presença supre as necessidades da minha alma, e eu me alegro com isso.

27 de OUTUBRO

*Os olhos de Deus estão sobre os caminhos
do homem...* JÓ 34:21

Existe uma antiga história sobre um porco... Um fazendeiro levou um porco para casa, deu banho nele, lixou suas patas, colocou perfume francês, pôs uma fita no seu pescoço e o levou para a sala. O porco ficou todo arrumadinho e por alguns minutos parecia um lindo e amável animal de estimação. Mas assim que a porta abriu, ele saiu correndo e se atirou no primeiro poço de lama que encontrou. Mas por que ele fez isso? Porque no fundo ainda era um porco. Sua natureza continuava a mesma. Ele mudou por fora, mas não por dentro. Você pode pegar um homem, pôr um terno nele, colocá-lo no primeiro banco da igreja e fazer com que ele pareça um santo. Ele pode até enganar seus amigos mais chegados por um tempo, mas leve-o de volta para o seu escritório ou para o clube no sábado à noite e você verá que sua natureza virá à tona novamente. Mas por que ele faz isso? Porque sua natureza ainda não foi transformada; ele ainda não nasceu de novo.

Oração do dia
*Deus Todo-Poderoso, às vezes eu maculo minha
caminhada cristã e caio novamente no lamaçal.
Pelo amor de Jesus, purifica-me e dá me forças.*

28 de OUTUBRO

...vinculado juntamente em amor...
COLOSSENSES 2:2

Milhares de jovens recém-casados vivem um casamento sem amor porque ninguém jamais lhes ensinou o que é o verdadeiro amor. Creio que precisamos ler o capítulo 13 de 1 Coríntios, no qual o apóstolo Paulo nos dá uma definição do amor. Ele diz: "O amor é paciente, é benigno; o amor não arde em ciúmes, não se ufana, não se ensoberbece, não se conduz inconvenientemente, não procura os seus interesses, não se exaspera, não se ressente do mal; não se alegra com a injustiça, mas regozija-se com a verdade; tudo sofre, tudo crê, tudo espera, tudo suporta. O amor jamais acaba" (vv.4-8). Se as pessoas hoje conhecessem este amor, os índices de divórcio reduziriam drasticamente.

Oração do dia
Senhor Jesus, se quisermos amar incondicionalmente, precisamos do Teu amor e do Teu perdão em nosso coração.

29 de OUTUBRO

Seja a paz de Cristo o árbitro em vosso coração... COLOSSENSES 3:15

Quando analisamos os problemas que enfrentamos no mundo nos dias atuais, descobrimos que todos eles giram em torno de um problema que acontece "lá no fundo"; ou seja, um problema no lado negro do espírito humano. Pelas diversas cartas que recebemos, fica evidente que uma grande parcela da população está enfrentando problemas pessoais muito profundos. Estes problemas variam de pessoa para pessoa, mas existem realmente. E todos eles acontecem "lá no fundo". O ser humano conseguiu conquistar o espaço, mas corre o risco de perder a luta pelo espírito. Mas existe uma solução, e milhares de pessoas já a encontraram. E esta solução está em Jesus Cristo. Ele disse: "A minha paz", a minha libertação, a minha liberdade, "vos dou" (JOÃO 14:27). Se hoje virarmos o farol da verdade para o lado negro do espírito humano e permitirmos que Jesus Cristo seja o Senhor absoluto da nossa vida, um novo dia irá raiar para nós. Devemos submeter o que há "lá no fundo" do nosso coração a Ele.

Oração do dia
Quantas vezes fui ferido no íntimo de minha alma, Senhor. Mas conhecer o Teu amor e compaixão me traz esperança e paz.

30 de OUTUBRO

Com amor eterno eu te amei...
JEREMIAS 31:1

Ao ler a Bíblia, descobri que o amor é o atributo mais poderoso e soberano de Deus. As promessas do amor e do perdão de Deus tão são reais, verdadeiras e concretas como as palavras humanas podem expressar. Contudo, ninguém pode entender a magnífica beleza do oceano até que a veja; o mesmo ocorre com o amor de Deus. Só poderemos receber este amor quando o experimentarmos, pois não há ninguém que possa descrever para nós como ele é maravilhoso. Nunca devemos duvidar do grande amor de Deus, pois assim como a Sua santidade, o amor é uma parte imutável do Seu ser. Se não fosse pelo amor de Deus, nenhum de nós jamais teria uma chance de ter uma vida no futuro. Mas Deus é amor! E Seu amor por nós é eterno.

Oração do dia

*Conheço-me muito bem, Senhor, mas conhecer
o Teu amor e o Teu perdão é algo que sempre me
deixa maravilhado. Saber disso também me ajuda
a transmitir aos outros este amor também pode ser
deles; basta que o busquem.*

31 de OUTUBRO

*Mas nós somos cidadãos do céu
e estamos esperando ansiosamente o nosso
Salvador, o Senhor Jesus Cristo,
que virá de lá.* FILIPENSES 3:20 NTLH

Se você vai se mudar para uma casa nova, vai querer conhecer bem a vizinhança em que viverá. E já que vamos passar a eternidade em algum lugar também, temos que saber tudo a respeito dele. Toda informação que precisamos sobre o Céu se encontra na Bíblia. E quando falamos do Céu, a Terra se torna pífia comparada a ele. As lutas e aflições que passamos aqui parecem tão pequenas quando pensamos no futuro que teremos. De certa forma, o cristão já possui o céu aqui nesta Terra. Ele tem paz de espírito, paz na consciência e paz com Deus. Também pode sorrir em meio às lutas e tribulações, pois vive feliz, com alegria no coração e um sorriso no rosto. Mas a Palavra de Deus também promete ao cristão que ele irá para Céu quando partir desta vida.

Oração do dia
Pai, por mais que enfrente adversidades ao longo da minha vida, eu permanecerei firme na gloriosa promessa de que irei para Céu, pois sei que um dia estarei contigo.

1º de NOVEMBRO

*O que eu faço não o sabes agora;
compreendê-lo-ás depois.* JOÃO 13:7

Será que eu preciso lembrar a você que a doença física não é a pior coisa que pode acontecer em sua vida? Algumas das pessoas mais miseráveis e imorais que conheci não tinham nenhum problema físico. Mas algumas das pessoas mais brilhantes e produtivas que este mundo já conheceu eram deficientes. Handel sofria de paralisia em todo o lado direito do corpo quando compôs "O Messias". Catherine Booth, no seu último ano de vida, disse que não conseguia lembrar de ter vivido um dia sequer sem sentir dor. Helen Keller escreveu: "Deus, sou grata a ti pela minha deficiência, pois foi através dela que pude ter um encontro comigo mesma, com meu trabalho e contigo." Alguns dos cristãos mais notáveis que conheci eram pessoas santas que usavam cadeiras de rodas. Que Deus lhe dê a paz para vencer em meio às tribulações!

Oração do dia
Que eu possa me aproximar de ti quando sentir as dores físicas nesta vida, meu amado Senhor Jesus Cristo!

2 de NOVEMBRO

*O homem que tem muitos amigos
sai perdendo; mas há amigo mais chegado
do que um irmão.* PROVÉRBIOS 18:24

Como há pessoas solitárias hoje em dia! Mas Deus não criou o homem para viver numa solidão miserável. Naquele primeiro Éden, O próprio Deus visitava Adão todos os dias. Uma das coisas mais encorajadoras que Jesus disse aos Seus discípulos foi: "E eis que estou convosco todos os dias até à consumação do século" (MATEUS 28:18). O Senhor veio para restaurar a comunhão entre o homem e Deus, e acabar com a solidão do ser humano. Jesus Cristo acabará com toda solidão da sua alma. Ele será o seu amigo e companheiro.

Oração do dia
Tu queres preencher todos os meus momentos de solidão, Senhor, torná-los momentos de grande alegria. Que eu nunca mais venha a ter medo de ficar sozinho!

3 de NOVEMBRO

...guardai-vos no amor de Deus. JUDAS 21

A Bíblia é a revelação da verdade de que Deus é amor. Muitas pessoas não entendem este atributo natural de Deus, que é o amor. "Deus é amor" (1 JOÃO 4:8), mas isso não quer dizer que tudo seja lindo, doce e alegre a ponto de este amor não castigar o pecado. Quando pregamos sobre justiça, esta está temperada com amor. Quando pregamos sobre retidão, ela está baseada no amor. Quando pregamos sobre expiação, esta expiação foi planejada no amor, preparada por amor, concedida por amor, consumada por amor e requerida por causa do amor. Quando pregamos sobre a ressurreição de Cristo, pregamos sobre o milagre do amor. E quando pregamos sobre a Sua volta, pregamos sobre o cumprimento do amor. Não importa quantos pecados você tenha cometido ou como eles foram terríveis, imundos ou vergonhosos, pois Deus o ama mesmo assim. O amor de Deus é ilimitado, imutável e inesgotável!

Oração do dia

De coração, sou-te grato, Pai celestial, por Teu amor e perdão. Que eu jamais venha me esquecer, quando lidar com as pessoas, que o único recurso que possuo é o Teu imensurável amor.

4 de NOVEMBRO

...todos nós andamos outrora, segundo as inclinações da nossa carne [...] Mas Deus, sendo rico em misericórdia [...] nos deu vida juntamente com Cristo. EFÉSIOS 2:3-5

Lembro-me de um tempo em que as mentes da época sentiram todas as tribulações que afligiram a geração anterior. E isso ocorreu com os jovens que viveram durante o primeiro século da Era Cristã. Eles também buscaram mudanças, só que seus esforços estavam voltados para as pessoas, e não para o Império Romano ou para a liderança política. E o resultado disso foi que toda a estrutura política e social acabou sentido o impacto das suas ações. Em suma, os homens e mulheres que foram transformados também foram cheios de um poder singular que lhes deu um grande dinamismo. Hoje, este mesmo poder está disponível para todas as pessoas. Este poder tem transformado a vida de milhões de pessoas ao longo dos séculos e está disponível a todos atualmente. Eu, pessoalmente, vi a transformação de milhares de pessoas. Jesus chama isso de "novo nascimento". A Palavra de Deus diz que você não precisa continuar como está; você pode ser uma nova pessoa. Não importa o que o mantém cativo — culpa, ansiedade, medo, rancor — Deus pode tratar disso.

Oração do dia
Senhor Jesus, alegro-me em saber que não há nada na minha vida que não possa ser transformado pelo Teu poder redentor.

5 de NOVEMBRO

O que atenta para o ensino acha o bem.
PROVÉRBIOS 16:20

Há muitas coisas na natureza humana que nos deixam perplexos. Muitos ficam angustiados quando se defrontam com o mistério inquietante da sua própria natureza. Eles ficam perplexos com sua propensão para o mal e o pecado. Também tremem e ficam abalados ao perceber sua incapacidade de lidar com as questões da sua própria vida. Mas Jesus pode lhe trazer bem-estar respondendo as seguintes perguntas: "Quem sou eu?" "Por que eu nasci?" "O que estou fazendo aqui?" "Para onde vou?" Todas as grandes questões da vida podem ser respondidas quando você aceita Jesus Cristo pela fé e o recebe como seu Salvador. Permita que Ele seja seu Piloto! Ele pode tirar toda a preocupação que você tem em sua vida.

Oração do dia
Senhor, confio em ti para assumires o controle da minha vida. Sei que me guiarás pelo caminho da luz e isso e me traz alegria.

6 de NOVEMBRO

*Mas os que esperam no Senhor renovam
as suas forças.* ISAÍAS 40:31

Que experiência emocionante é ter uma nova vida com Jesus em meu ser e me capacitando! Certo homem estava dirigindo seu Ford e, de repente, algo começou a falhar. Ele parou e foi olhar o motor, mas não encontrou nada de errado. Ficou parado ali, e quando outro carro apareceu, ele acenou para pedir ajuda. Um homem alto e simpático desceu do seu Lincoln novinho e perguntou: "Olá, qual é o problema?" "Não consigo fazer este Ford funcionar", foi a resposta. O homem então fez alguns ajustes embaixo do capô e disse: "Ligue o carro agora." Quando ele pegou, o dono do carro muito grato se apresentou e perguntou: "Qual é o nome do senhor?" "Meu nome", disse o homem, "é Henry Ford". Aquele que havia criado a Ford sabia muito bem como fazer o carro funcionar. Deus criou você e eu, e somente Ele sabe fazer a sua e a minha vida funcionar muito bem. Podemos fazer da nossa vida um desastre completo sem Jesus. Mas se Ele estiver no controle, tudo vai dar certo. Sem Ele, nada podemos fazer.

Oração do dia
Senhor, vivo esquecendo de te dar todo o controle da minha vida e acabo falhando. Ensina-me a confiar totalmente a ti minhas forças e necessidades.

7 de NOVEMBRO

Amados, amemo-nos uns aos outros, porque o amor procede de Deus; e todo aquele que ama é nascido de Deus e conhece a Deus. Ora, temos, da parte dele, este mandamento: que aquele que ama a Deus ame também a seu irmão. 1 JOÃO 4:7,21

Se você quer conhecer a medida do seu amor por Deus, é só prestar atenção no quanto ama o seu próximo. A compaixão que temos pelos outros é a medida perfeita da nossa devoção a Deus. Algum tempo atrás, fui a um museu em São Francisco com alguns amigos. Dentre outras coisas, vimos uma coleção de instrumentos de tortura que eram usados por religiosos para forçar outras pessoas a crer no que eles criam. A história é um vasto relato da crueldade do homem contra o seu semelhante.

Oração do dia
Senhor Deus, enche o meu coração para que eu possa amar com a mesma compaixão de Jesus.

8 de NOVEMBRO

O Senhor, teu Deus, está no meio de ti, poderoso para salvar-te; ele se deleitará em ti com alegria. SOFONIAS 3:17

Vamos supor que os milhões de habitantes deste mundo fossem à praia, estendessem a mão e a enchessem da água do mar. Eles poderiam pegar o quanto quisessem, o quanto precisassem — ainda assim os oceanos continuariam os mesmos. A força e o poder dos mares não mudariam e a vida nas suas profundezas inalcançáveis continuaria inalterada, embora tivesse suprido a necessidade de todas as pessoas que retiram água em todas as suas praias. Assim também acontece com Deus. Ele pode estar em todos os lugares ao mesmo tempo, atendendo as orações de todos que clamam em nome de Jesus e realizando milagres poderosos, mantendo as estrelas no seu devido lugar, a vegetação brotando em toda a Terra e os peixes nadando no mar. Não há limite para Deus. Não há limite para Sua sabedoria. Não há limite para o Seu poder. Não há limite para o Seu amor. Não há limite para a Sua misericórdia.

Oração do dia

Como são gloriosos os pensamentos que tenho de ti, Deus Todo-Poderoso, pois tu estás em todos os lugares — amando-nos e cuidando dos mínimos detalhes de nossas vidas!

9 de NOVEMBRO

...com boa consciência.
1 PEDRO 3:16

O que é consciência? Deus colocou dentro de nós algo que clama bem alto contra nós sempre que fazemos alguma coisa que sabemos que é errado. A consciência é o detetive que observa todos os nossos passos e denuncia toda transgressão consciente. Ela é o olhar que vigia cada ideia, pensamento ou atitude que temos a fim de aprovar ou reprovar. Creio que não há pressuposto maior para a existência de Deus no mundo hodierno do que a consciência. Não há evidência maior da existência de uma lei moral e de um Legislador no Universo do que esta pequena luz da alma. É a voz de Deus para o homem interior. A consciência é o nosso mestre e conselheiro mais sábio, nosso amigo mais paciente e fiel.

Oração do dia

Obrigado, Pai, pela minha consciência, que vigia e guarda minhas ações. Ajuda-me a ficar atento quando ela despertar minha atenção por intermédio do Teu Santo Espírito.

10 de NOVEMBRO

*Para que a vossa fé não se apoiasse
em sabedoria humana, e sim no poder
de Deus.* 1 CORÍNTIOS 2:5

A Palavra *mistério* é usada algumas vezes na Bíblia. Alguns dos mistérios do passado foram desvendados pela ciência; outros continuam intrigando a humanidade. Mas este fato permanece: toda sabedoria alcançada ao longo dos séculos na busca do homem para conhecer o Universo é apenas uma pequena brecha na superfície. Deus retém Seus segredos da maior parte da humanidade, e como intelectualmente o homem continua engatinhando, ele só compreende uma ínfima fração dos Seus feitos. Mas esta incapacidade de entender os mistérios de Deus de modo algum reduz a fé cristã. Ao contrário, ela aumenta a nossa fé. Nós não entendemos o padrão complexo da trajetória das estrelas, mas sabemos que Aquele que as criou, e que com toda certeza traça o seu curso, também já preparou um caminho seguro para nós. Um "mistério" nas Escrituras é uma verdade antes escondida e que agora é divinamente revelada, apesar de que mesmo após a revelação, o elemento sobrenatural continue desconhecido.

Oração do dia
*Deus, assim como guiaste a todos por amor no
passado, sei que minha vida também está sendo
amorosamente guiada por ti. Minha fé é pequena,
mas tu és a minha força.*

11 de NOVEMBRO

...porque não sabemos orar como convém, mas o mesmo Espírito intercede por nós sobremaneira, com gemidos inexprimíveis. ROMANOS 8:26

Com uma angústia pelo seu país que consumia sua alma, John Knox orou: "Dá-me a Escócia ou morrerei." E seu clamor mais sincero foi recompensado com um renascimento espiritual em sua nação. E é justamente isso que significa o termo "orar no Espírito". É a manifestação do anseio mais ardente de alguém concretizado pelo Espírito de Deus. Orações como esta podem cruzar oceanos, percorrer desertos escaldantes, transpor montanhas e atravessar florestas levando cura e o poder do evangelho para socorrer o alvo do nosso clamor. Romanos 8:26 diz que o *"Espírito intercede por nós"*, e isso significa que Deus realmente suplica, ora e clama através de nós. Por isso, somos colaboradores de Deus, Seus verdadeiros parceiros. E o Todo-Poderoso tira nossa vida do plano inferior de egoísmo e nos eleva a um plano superior de criatividade com Ele. John Knox esforçou-se arduamente, e a igreja da Escócia recebeu uma nova vida.

Oração do dia

Obrigado, Senhor Jesus, por ouvires o clamor do meu coração!

12 de NOVEMBRO

*Estas coisas vos tenho dito para que
tenhais paz em mim. No mundo,
passais por aflições; mas tende bom ânimo;
eu venci o mundo.* JOÃO 16:33

Você não deve esperar que as coisas aconteçam da maneira mais fácil, pois se fizer isso com toda a certeza acabará se decepcionando. Todo aquele que conhece a Bíblia sabe que a vida cristã é como uma competição esportiva ou uma guerra; e nenhuma delas é fácil. Jesus alertou aos Seus discípulos de que eles deveriam calcular muito bem o custo; e isso sem dúvida alguma quer dizer que não seria nada fácil. Mas tudo que é bom tem um alto custo. A vida cristã é a mais gratificante que existe, mas somente quando estamos realmente dispostos a chegar até o fim da caminhada. O cristão que tenta ceder percebe a vida num estado miserável, pois tem todos os problemas sem a comunhão que vem através da rendição. Para toda luta e provação, Jesus derrama sobre nós Sua graça abundante para que possamos suportá-las, e em nossa fraqueza somos fortes.

Oração do dia
*Que eu jamais busque o caminho fácil quando tu,
Senhor Jesus, entregaste tudo por mim.*

13 de NOVEMBRO

Amados, exorto-vos, como peregrinos e forasteiros que sois, a vos absterdes das paixões carnais. 1 PEDRO 2:21

Todos sabemos que não existe uma liberdade absoluta. Não podemos sair por aí dirigindo a 160 km por hora. Você não pode me dar um soco na cara porque aí sua liberdade vai acabar na ponta do meu nariz. Podemos dizer que queremos liberdade para publicar material pornográfico, para estimular o uso de drogas ilegais, para promover o sexo sem restrição, para mentir e enganar; mas se continuarmos com esse tipo de liberdade permissiva, acabaremos destruindo a nós mesmos. O homem só será livre realmente quando tiver o poder moral para conter seus impulsos. Nosso problema, basicamente, é um distúrbio do coração. Nosso coração precisa mudar; jamais teremos paz se a nossa natureza humana não for transformada, se as pessoas não começarem a se amar ao invés de se odiar.

Oração do dia
Preciso da Tua direção em minha vida, Senhor. Amar-te me liberta do cativeiro dos meus desejos carnais.

14 de NOVEMBRO

...eu e a minha casa serviremos ao S<small>ENHOR</small>.
JOSUÉ 24:15

O lar é o elemento basilar de toda sociedade. Quando este começa a ruir, a sociedade está a caminho da destruição. Milhares de casas são feitas de alvenaria. Muitos casais têm medo de que sua casa, também, se desfaça algum dia . Mas podemos adquirir um seguro maravilhoso que garanta a felicidade e unidade do nosso lar. É simples. É só tornarmos Cristo o centro dele. O lar é como o sistema solar. O Sol, que está no centro, é o que mantém todo o sistema unido. Se não fosse o Sol, o sistema solar já teria se despedaçado. Do mesmo modo, se o Filho de Deus não estiver no centro do nosso lar, ele também vai ser feito em pedaços.

Oração do dia

Como é fácil deixar-te de lado, Senhor, e me lembrar das Tuas bênçãos vagamente. Que possamos manter-te sempre no centro de tudo que fizermos em nosso lar.

15 de NOVEMBRO

*De tal coisa me gloriarei; não,
porém, de mim mesmo, salvo nas minhas
fraquezas.* 2 CORÍNTIOS 12:5

Ao falar sobre a vida de seu pai, Adoniram Judson, durante a inauguração da Igreja Memorial Judson em Nova Iorque, o doutor Edward Judson disse: "O sofrimento e o sucesso andam juntos. Se você não teve que sofrer para alcançar o sucesso, é porque outros sofreram antes de você; se você está sofrendo e não está sendo bem-sucedido, é porque outros alcançarão o sucesso depois de você. Bem-aventurados os que choram. Eles serão bem-aventurados porque sabem que sua dor, agonia e privação são o prenúncio de uma nova criação, as dores de parto de um mundo melhor. Também serão bem-aventurados, se tiverem a compreensão de que Deus, o Grande Artista, emprega tanto a luz como a sombra para produzir uma obra-prima digna do talento divino. Do mesmo modo, eles serão glorificados em suas enfermidades, sorrirão em meio às lágrimas e cantarão em momentos de dor porque entendem que na matemática de Deus, se com Ele "sofrermos, também com ele reinaremos" (2 TIMÓTEO 2:12 ARC).

Oração do dia
No sofrimento, aprenderei a louvar-te, amado Senhor.

16 de NOVEMBRO

Entretanto, o firme fundamento de Deus permanece... 2 TIMÓTEO 2:19

O jeito mais rápido de ficar seguro no campus de uma universidade é no meio da multidão. E é justamente onde o tema da conversa entre os alunos é sobre como ser independente e se virar sozinhos que vamos encontrá-los fazendo de tudo para se adequar à maneira de vestir, de falar, de agir e até mesmo de pensar uns dos outros. Às vezes, eles deixam até a vergonha de lado para se vestir na moda. Têm pavor de ficarem sozinhos. Também não querem se destacar ou ser diferentes. Eles querem se enturmar. Depois de se formar na faculdade, muitos deles não querem nada mais do que um bom emprego numa grande empresa e uma casa num bairro nobre. Mas isso também não lhes dá segurança. Somente Jesus Cristo pode lhe dar a segurança que você tanto deseja.

Oração do dia
Depois de tanto procurar segurança, eu a encontrei somente no Teu amor, Jesus Cristo, meu Salvador.

17 de NOVEMBRO

*O que também aprendestes,
e recebestes, e ouvistes, e vistes em mim,
isso praticai...* FILIPENSES 4:9

A integridade é a liga que preserva nosso modo de vida. O que nossos jovens querem ver em nossos anciãos é justamente integridade, honestidade, retidão e fé. E o que eles mais odeiam é a falsidade e a hipocrisia. Por isso que é importante irmos à igreja, lermos a Bíblia e orarmos agradecidos na hora das refeições. Que eles nos vejam fazendo o que queremos que eles façam também!

Oração do dia
Pai, retira de mim tudo que for "fachada" que muitas vezes se arrasta em minha vida. Desejo viver de forma que os jovens sejam atraídos a ti!

18 de NOVEMBRO

Tende em vós o mesmo sentimento que houve também em Cristo Jesus. FILIPENSES 2:5

Jamais poderemos ter uma vida de pureza se nosso coração não for puro. Muitos hoje em dia estão colocando o carro na frente dos bois. Eles estão tentando ensinar corações velhos e enganosos a ter pureza em seus desejos, atitudes e motivação! Não é de admirar que por fazermos uso de um conhecimento arrogante e uma abordagem psicológica, acabamos hoje cheios de falhas de caráter. Desejos, atitudes e motivações puros nascem de corações puros. Mas só podemos ter um coração puro se formos semelhantes a Cristo. E o desejo de Deus é que sejamos conforme a imagem do Seu Filho. Se Jesus vive em nós e nosso corpo é morada do Espírito Santo, é alguma surpresa então sermos como Ele?

Oração do dia
Senhor, purifica meu coração e faz dele habitação do Teu Espírito.

19 de NOVEMBRO

*Tem cuidado de ti mesmo
e da doutrina. Continua nestes deveres...*
1 TIMÓTEO 4:16

Se nós que somos pais quisermos construir uma ponte sobre o abismo que há entre nós e esta geração, não há dúvida alguma de que precisamos colocar em prática tudo que pregamos, e ainda nos esforçar mais e mais para que o nosso proceder esteja em consonância com o nosso sistema de crenças. Nenhuma mãe pode exigir que sua filha não tenha uma vida sexual ativa se ela mesma vive fazendo isso e denegrindo sua conduta moral. Nenhum pai que vagueia entre beber muito socialmente, bebedeiras ocasionais à beira do alcoolismo e que não pode oferecer uma palavra agradável pela manhã, até acender um cigarro, pode viver gritando com seu filho para que ele não fume maconha, uma prática que geralmente leva ao uso de drogas mais pesadas. A consistência, a constância e a diligência invariável para manter o caráter cristão são uma obrigação se a geração mais velha quiser manter o respeito, ou até a atenção do jovem.

Oração do dia

*Os jovens têm visto minha postura errada, Senhor.
Ajuda-me a ser um bom exemplo para que possa
atraí-los para ti.*

20 de NOVEMBRO

A verdadeira luz, que, vinda ao mundo,
ilumina a todo homem. JOÃO 1:9

O mundo tem tropeçado nas trevas e enfrentado crise após crise. E elas estão piorando cada vez mais e se aproximando mais e mais do nosso lar. Inflação, explosão populacional e fome têm assolado diversas regiões do planeta. Jesus disse: "Eu sou a luz do mundo. Você me segue e entrega sua vida, eu o tirarei da escuridão deste mundo, deste caos, desta confusão em que você está metido, e lhe darei paz e alegria. Uma luz que você jamais viu antes brilhará em seu coração e sua mente. E farei com que haja luz em sua vida."

Oração do dia
Tua luz brilha nos lugares mais profundos e me traz
esperança, Senhor Jesus.

21 de NOVEMBRO

...para que, crendo, tenhais vida em seu nome.
JOÃO 20:31

"Vale a pena viver?" Para um grande número de pessoas a vida já não tem sentido algum. Mas eu tenho boas notícias para você. Deus não o criou para viver derrotado, desanimado, decepcionado, vagando por aí buscando em vão paz na mente e no coração. Ele tem planos maiores para você. Ele tem um mundo maior e uma vida muito melhor para você. A resposta para o seu problema, apesar de ser grandioso, está tão acessível como a Bíblia, é tão elementar como uma conta simples de matemática, e tão real como as batidas do coração. Pela autoridade da Palavra de Deus, eu lhe digo que Jesus é a resposta para todo caos perturbador que assola a humanidade. Nele, encontramos a chave para o cuidado, o bálsamo para o luto, a cura para as nossas feridas, e a provisão para todas as nossas necessidades.

Oração do dia
Quando eu ler a Tua Palavra hoje, ensina-me que a vida que tens para mim é cheia de alegria e realizações.

22 de NOVEMBRO

Eu vim para que tenham vida e a tenham em abundância. JOÃO 10:10

Você acha que Deus teria que enviar Seu Filho a este mundo se o ser humano pudesse encarar a vida e a eternidade por si mesmo? A vinda de Jesus a este mundo provou que Deus não estava satisfeito com a condição do homem. E o Pai enviou Seu Filho não somente para que pudéssemos ter a vida eterna, mas para que também pudéssemos ter vida aqui e agora; uma vida em abundância, uma vida com V maiúsculo! Tudo que Jesus ensinou foi único e incomum. Ele tirou a religião do campo da teoria e a levou à prática. Jesus falou com autoridade! Tudo que disse tinha um propósito! Ele falava como se tivesse conhecimento; e tinha mesmo! Não era uma especulação parca e vazia como a dos filósofos, que declaram estar em busca da verdade, mas logo reconhecem que nunca a encontraram. Era mais do que a voz cheia de confiança de um matemático que dá respostas sem hesitar, pois pode provar sem problema algum que elas estão certas.

Oração do dia

Deus Todo-Poderoso, tu me deste a verdadeira vida em Cristo Jesus. Minha alma te glorifica.

23 de NOVEMBRO

*Quem distingue entre dia e dia para o Senhor
o faz; e quem come para o Senhor come, porque
dá graças a Deus.* ROMANOS 14:6

É costume de muitos cristãos curvar a cabeça mesmo em lugares públicos e fazer uma oração antes de comer. Mas eu já perdi a conta de quantos garçons e garçonetes me disseram que foi a primeira vez que viram alguém curvar a cabeça num restaurante quando fiz isso. Milhões de pessoas jamais pararam para agradecer a Deus pela comida que tinham à mesa. Em poucos lares há momentos para orar antes das refeições ou em qualquer outra hora do dia. Até no Dia de Ação de Graças [*N.E.: Feriado celebrado no final de novembro para demonstrar a gratidão pelas bênçãos recebidas durante o ano.*] somente poucos param para agradecer a Deus. O Dia de Ação de Graças é o reconhecimento de uma dívida que não pode ser paga. Nós agradecemos, quer possamos ou não reembolsar o doador. Quando a ação de graça está cheia do verdadeiro significado e não é apenas a formalidade de um educado "obrigado", significa o reconhecimento da total dependência.

Oração do dia

*Senhor Deus, sei que sou completamente dependente
de ti. Obrigado por toda a provisão diária que meu
corpo precisa.*

24 de NOVEMBRO

*Rendei graças ao Senhor,
porque ele é bom, porque a sua misericórdia
dura para sempre.* SALMO 118:1

Ao comemorarmos o Dia de Ação de Graças este ano, que não venhamos a ser gratos apenas com palavras, mas com atitudes também. Que possamos expressar nossa gratidão através de uma decisão de levarmos uma vida menos egoísta e mais consagrada a Jesus Cristo. Ao sentarmos à nossa mesa farta de pratos deliciosos, que não venhamos esquecer de que metade da população mundial dormirá com fome. Ao desfrutarmos do conforto do nosso aconchegante lar, que não venhamos esquecer que milhares de pessoas em outras partes não têm um lar. Ao dirigirmos nossos carros confortáveis, que não venhamos esquecer de que a maioria das pessoas neste mundo não pode ter sequer uma bicicleta. Lemos na oração do Pai Nosso, que se encontra em Mateus 6: "O pão nosso de cada dia dá-nos hoje" (v.11). A Palavra de Deus ensina que as coisas boas desta vida são dádivas de Deus e que Ele é quem nos concede todas as bênçãos que recebemos. Ação de graças? Sim! Que venhamos dobrar nossos joelhos humildemente e agradecer a Deus pelas bênçãos que Ele nos concedeu, tanto materiais como espirituais. Todas elas vêm de Suas mãos

Oração do dia

*Tu me trazes abundância, Deus Todo-Poderoso.
Ao pensar no Dia de Ação de Graças, que meu coração
se consagre totalmente ao Teu Filho Jesus Cristo, a fim
de que por meio dele eu possa demonstrar-te gratidão
através da minha vida.*

25 de NOVEMBRO

*Para nós há um só Deus,
o Pai [...] e um só Senhor, Jesus Cristo.*
1 CORÍNTIOS 8:6

De uma forma ou de outra, num determinado momento, acabamos nos deparando com as seguintes perguntas: "Quem você pensa ser o Cristo? De quem você acha que Ele é Filho?" Se Jesus Cristo não é quem afirmou ser, Ele é um enganador, um egomaníaco. Precisamos responder a estas perguntas com fé a atitude. Não devemos crer apenas em algo a respeito de Jesus, mas tomar uma atitude em relação a Ele. Temos que aceitá-lo ou rejeitá-lo. O Senhor deixou bem claro quem Ele era e por que veio a este mundo. Ele perguntou aos Seus discípulos: "Quem diz o povo ser o Filho do Homem?" E eles enumeraram um monte de títulos desta Terra. Então o Senhor virou para eles e perguntou novamente: "Mas vós [...] quem dizeis que eu sou?". Ao que Pedro respondeu com sua declaração histórica: "Tu és o Cristo, o Filho do Deus vivo" (MATEUS 16:13-16). Este é o ápice da nossa fé, o pináculo de tudo que cremos. E é aí que a fé de todos nós deve estar se temos esperança da salvação. Não há como evitar Cristo! Você tem que decidir: "Que farei com Cristo?"

Oração do dia
*Tu és o Cristo, Senhor Jesus, o Filho do Deus vivo.
Em adoração eu te louvo — meu Redentor.*

26 de NOVEMBRO

*A quem, não havendo visto,
amais; no qual, não vendo agora,
mas crendo, exultais com alegria
indizível e cheia de glória.* 1 PEDRO 1:8

Os cristãos devem desfrutar a vida e o convívio entre eles. Se as crianças não virem alegria em casa e no cristianismo, não se sentirão atraídas por ele. Se elas o virem animado para ir a um jogo ou assistindo à televisão, mas fazendo as coisas espirituais com má vontade, logo perceberão que o cristianismo não tem muita importância para você. E pior, o seu comportamento será copiado. Minha esposa costuma dizer que a melhor maneira de fazer uma criança comer tudo que colocam no prato é vendo seus pais comendo também. Nossos filhos não serão atraídos a Cristo se fizermos isso parecer entediante.

Oração do dia
Que eu possa viver junto a ti, Senhor, para que todos ao meu redor vejam em mim a Tua alegria.

27 de NOVEMBRO

> ...anulando nós sofismas e toda altivez
> [...] e levando cativo todo pensamento à
> obediência de Cristo. 2 CORÍNTIOS 4:5

Milhares de pessoas fazem de tudo para fugir da realidade da sua vida. Há uma palavra que se tornou muito comum nos últimos anos. E esta palavra é *escapismo*. O dicionário Houaiss (Ed. Objetiva, 2009) a define como "tendência para fugir à realidade ou à rotina, especialmente a coisas vivenciadas como desagradáveis". É a fuga da imaginação. Salomão falou do coração incorrigível como aquele que está inclinado a ter fantasias demais. Mas o mundo dos sonhos que Satanás promete sempre acaba em desilusão. Milhares de pessoas vivem num mundo de sonhos irreal, e nisso fogem das responsabilidades que têm com a família e com Deus. A Palavra de Deus ensina que você pode enfrentar todas as realidades da vida se tiver Jesus no coração. E embora, às vezes, seja difícil, a graça de Deus lhe concederá uma alegria e um prazer ainda maior do que qualquer mundo da fantasia para o qual você queira fugir.

Oração do dia
Senhor, meus pensamentos vivem fazendo um estrago em tudo que queres plantar na minha mente. Que todos eles a partir de hoje sejam levados cativos à Tua vontade!

28 de NOVEMBRO

*Perto está o S<small>ENHOR</small> dos que têm
o coração quebrantado e salva os de espírito
oprimido.* SALMO 34:18

Na matemática de Deus, primeiro temos que descer ao vale da aflição para depois escalarmos as alturas da glória celestial. Você precisa ficar exausto, cansado de viver sozinho antes de ter comunhão com Cristo. Terá de acabar com o "velho homem" antes de começar a viver. O dia mais feliz da minha vida foi quando descobri que minhas habilidades, minha bondade e minha integridade não eram suficientes aos olhos de Deus. E não estou exagerando quando digo que neste dia minha tristeza se tornou em alegria e o meu lamento, em canto. Bem-aventurados são os que choram por causa da incapacidade do seu ser, pois eles serão consolados com a capacitação de Deus.

Oração do dia
Senhor Jesus, sei que tudo que fizer longe de ti, por mais que tenha valor, não vai durar muito tempo. Ajuda-me a renunciar o velho homem para que tu venhas controlar todas as áreas da minha vida.

29 de NOVEMBRO

No qual temos a redenção [...] a remissão dos pecados. EFÉSIOS 1:7

Satanás está agindo neste mundo, mas a Bíblia é minha fonte de autoridade. O diabo existe e manipula milhares de jovens que jamais se renderam de coração a Jesus Cristo. Ele tem milhares de agentes fabricando material pornográfico e produzindo filmes de sexo para contaminar a mente dos jovens. Também tem intelectuais em altos cargos ensinando uma filosofia hedonista e liberal. Todos os dias encontro jovens cheios de problemas e presos à agonia da sua própria inexperiência, intelectuais que foram seduzidos pela falsa ciência e homens ricos mantidos no controle da insegurança. Estas pessoas não têm alvo algum em sua vida. Elas não possuem uma âncora que dê segurança ao seu verdadeiro eu. Meu desejo é tomar cada uma delas pela mão e guiá-las à presença daquele que disse: "Vinde a mim, todos os que estais cansados e sobrecarregados, e eu vos aliviarei" (MATEUS 11:28).

Oração do dia
Há tantas pessoas sem ti, Senhor. Usa-me para levar muitos do caminho da destruição a um caminho onde eles encontrarão o contentamento que só tu podes dar.

30 de NOVEMBRO

*Para o conhecer, e o poder
da sua ressurreição, e a comunhão dos seus
sofrimentos.* FILIPENSES 3:10

O missionário escocês W.C Burns, escreveu: "Ah, para ter o coração de um mártir, se não a coroa de um mártir". A popularidade e a lisonja são muito mais perigosas para o cristão do que a perseguição. É fácil perder o senso de equilíbrio e a nossa perspectiva de vida quando tudo vai bem. O importante é andar com Jesus, viver para Jesus e ter um ardente desejo — de agradá-lo. Seja como for então, sabemos que o Senhor permite que certas coisas aconteçam para nos ensinar algumas lições inestimáveis e nos aperfeiçoar para Sua obra. Ele enriquecerá nossas circunstâncias, agradáveis ou não, por estar sempre conosco.

Oração do dia
*Senhor, o desejo da minha alma é amar-te
e conhecer-te muito mais a fundo. Perdoa-me
pelas vezes em que meus olhos estavam em coisas
que me afastavam de ti.*

1º de DEZEMBRO

A morte os assalte, e vivos desçam à cova!
Porque há maldade nas suas moradas
e no seu íntimo. Eu, porém, invocarei a Deus,
e o Senhor me salvará. SALMO 55:15,16

Os lares desfeitos se tornaram o problema social número um dos Estados Unidos e pode acabar levando a população americana à destruição. E como o lar é o elemento basilar de toda sociedade, quando estes começam a se desfazer, a sociedade está a caminho de se desintegrar. Isso é uma ameaça ao estilo de vida americano. Não vemos as manchetes principais chamando atenção para a situação, mas como cupins, isso está corroendo o coração e o cerne da estrutura desse país. Já está mais do que na hora de os supostos especialistas em casamento, família e terapia familiar se voltarem para a Bíblia. Lemos reportagem sobre isso nos jornais e ouvimos pessoas dando aconselhamento nas rádios, os psiquiatras estão com sua agenda lotada, mas em tudo isso, Aquele que realizou o primeiro casamento no Jardim do Éden tem sido deixado de fora.

Oração do dia
Senhor, oro pelos lares neste país. Sem o Teu amor e sabedoria para nos guiar, nossa sociedade sucumbirá.

2 de DEZEMBRO

Não te disse eu que, se creres, verás a glória de Deus? JOÃO 11:40

Se você é um jovem ou uma jovem que não aguenta mais viver em conflito, desesperado e está prestes a desabar, eu lhe peço um minuto da sua atenção. O que eu tenho a lhe dizer é sobre seus sonhos e o que faz com que eles se tornem realidade: a "fé". Tudo que Deus requer é que você venha a dar o primeiro passo em direção a Ele para ter a fé completa; fé na Sua Palavra, que nos ensina que o Senhor o ama e que você estava afastado dele por causa do pecado, que Ele morreu na cruz por você, e que quando você se entrega a Jesus e o aceita como seu Senhor e Salvador, Ele o transforma de dentro para fora.

Oração do dia
Pai celestial, Tua Palavra me traz esperança e redenção por intermédio de Jesus Cristo, além de me motivar em meio ao desânimo e revelar o quanto tu me amas!

3 de DEZEMBRO

Segui o amor...
1 CORÍNTIOS 14:1

O que é o amor? Como você pode ter certeza de que está amando? Sugiro três métodos de avaliação para aplicar a si mesmo. O seu amor é paciente? É atencioso? Ele consegue esperar até o casamento para se satisfazer intimamente? A experiência diz que a paciência do amor verdadeiro é inesgotável. O verdadeiro amor não se impõe, não reivindica seus direitos e não faz questão de privilégios. Ele sempre pensa no outro primeiro. O termo bíblico correto seria "não procura os seus interesses" (1 CORÍNTIOS 13:5). O verdadeiro amor nunca pensa mal de quem ama, jamais desconfia; ao contrário, apoia e motiva. O verdadeiro amor tudo suporta. Nada o abala ou enfraquece. Ele é uma rocha, uma âncora, uma base firme para os anos que virão. Estes simples testes são um espelho que milhões de pessoas deveriam usar. Psicólogos, psiquiatras e conselheiros matrimoniais comprovam sua legitimidade. Eles foram recomendados há mais de 2.000 anos por um homem chamado Paulo, em 1 Coríntios 13. Este capítulo da Bíblia traz a definição mais linda do amor que o mundo já conheceu.

Oração do dia
Teu amor ilimitado me faz ver a limitação do meu amor, Senhor. Enche o meu ser com Teu Espírito de amor.

4 de DEZEMBRO

*Ora, a perseverança deve
ter ação completa, para que sejais perfeitos
e íntegros.* TIAGO 1:4

Vivemos dias muito instáveis, neuróticos e impacientes. Apressamo-nos quando não há motivo para se apressar — apenas pela pressa. Esta geração frenética tem gerado mais problemas e menos moralidade do que as gerações anteriores; ela tem nos deixado com os nervos à flor da pele. A impaciência tem produzido uma nova safra de lares desfeitos, muito mais feridas, e preparado o cenário para outras guerras mundiais.

Oração do dia
Que meu coração possa ficar tranquilo em meio à tribulação quando eu me lembrar da paciência que tens comigo, Senhor Jesus.

5 de DEZEMBRO

*Busquei o SENHOR, e ele me acolheu;
livrou-me de todos os meus
temores.* SALMO 34:4

As preocupações sempre atormentaram o ser humano, e a pressões da vida moderna têm agravado o problema. Jesus disse a todos que viviam em Seus dias: "Buscai, pois, em primeiro lugar, o seu reino e a sua justiça, e todas estas coisas vos serão acrescentadas [...] não vos inquieteis com o dia de amanhã" (MATEUS 6:33,34). Você pode estar com o coração cheio de ansiedade. Entregue todas elas a Cristo pela fé. Ele trará paz à sua mente e à sua alma.

Oração do dia
Tenho paz em meio às tempestades por saber que tu me ouves quando falo contigo, Senhor.

6 de DEZEMBRO

Todavia, não eu, mas a graça de Deus comigo.
1 CORÍNTIOS 15:10

Temos que encarar a realidade: nada trouxemos a este mundo e nada levaremos dele. De onde foi que tiramos a ideia de que o sucesso do homem é igual ao de Deus? Você escreveu um livro, é um ótimo gerente ou vendedor, um artista talentoso, acumulou fama e fortuna e alcançou sua independência financeira. Onde você estaria se não fosse a dádiva da inteligência, da criatividade, da personalidade e do vigor físico que Deus lhe deu? Todos nós não nascemos pobres e morreremos pobres? De todo modo, também não seríamos pobres sem a infinita misericórdia de Deus e o Seu amor? Viemos do nada e se somos algo é porque Deus é tudo. Se por uma fração de segundos Ele retiver o Seu poder, se por um breve momento Ele impedir o fôlego da vida, a vida humana definharia até não mais existir e nossa alma desaparecia para sempre na eternidade. Os que são pobres de espírito reconhecem sua pequenez e pecaminosidade; e mais do que isso, eles estão sempre dispostos a confessar seus pecados e a renunciá-los.

Oração do dia
Senhor Deus, tudo que sou e que tenho foi dado a mim por Tuas mãos poderosas. Perdoa-me quando minhas conquistas trazem soberba ao meu coração, pois não sou nada sem a Tua graça e o Teu amor.

7 de DEZEMBRO

Temos confiança diante de Deus. 1 JOÃO 3:21

A Palavra de Deus nos ensina que a fé se manifesta de três formas. Ela se manifesta na doutrina — no que você acredita. Ela se manifesta na adoração — na comunhão que tem com Deus e com os irmãos da igreja. Ela se manifesta na moralidade — na maneira em que você vive e age. A Palavra de Deus também nos ensina que a fé não chega ao fim quando você crê em Jesus e recebe a salvação. Ela continua, aumenta. Ela pode até ser fraca no início, mas fica mais forte quando você começa a ler a Bíblia, ora, vai à igreja e tem a prova da fidelidade de Deus em sua vida cristã. Você aprenderá mais e mais a confiar em Cristo para suprir todas as suas necessidades, em cada circunstância, em todas as lutas que enfrentar.

Oração do dia
Tua Palavra me ensina como tu desejas que eu creia no Teu amor e no Teu poder. Louvo o Teu nome, meu Senhor e Redentor.

8 de DEZEMBRO

*Acheguemo-nos, portanto, confiadamente,
junto ao trono da graça...* HEBREUS 4:16

Orar nada mais é do que uma conversa entre alguém e Deus. Milhares de pessoas só oram quando têm algum problema, estão em perigo ou dominadas pelas dúvidas. Certa vez eu viajava de avião e uma das turbinas parou de funcionar; então as pessoas começaram a orar. Conversei com soldados que me confidenciaram que nunca haviam orado até estar no campo de batalha. Parece que é um instinto do ser humano orar somente quando está em dificuldade. Sabemos que "não há ateus nas trincheiras", mas este cristianismo que não é demonstrado na nossa vida diária jamais transformará o mundo. Temos que ampliar o poder da oração. O homem é mais poderoso quando ora do que quando têm em mãos as armas mais poderosas. Uma nação é mais poderosa quando se une em fervorosa oração a Deus do que quando destina seus recursos financeiros para a produção de armas de defesa. Todos os nossos problemas podem ser resolvidos se estivemos em contato com o Deus Todo Poderoso.

Oração do dia

O momento mais importante do meu dia é aquele que passo orando a ti, Senhor. Submeto-me a ti por saber o quanto desejas ter comunhão comigo. Tu dizes que posso me achegar a ti com ousadia — e faço isso agora sabendo que me ouves!

9 de DEZEMBRO

*E o Verbo se fez carne [...] cheio de graça
e de verdade.* JOÃO 1:14

Na capa da minha e da sua Bíblia está escrito *Bíblia Sagrada*. Você sabe por que a ela é chamada de sagrada? Por que a chamam assim se nela há tanta luxúria, ódio, ganância e conflitos? É porque a Bíblia diz a verdade. Ela diz a verdade sobre Deus, sobre o homem e sobre o diabo. A Bíblia declara que trocamos a verdade de Deus pelas mentiras do diabo sobre sexo, drogas, álcool e hipocrisia religiosa. Jesus Cristo é a verdade absoluta. E além disso, Ele disse a verdade. O Senhor disse que é a verdade, e a verdade nos libertará.

Oração do dia
Deus Todo-Poderoso, sou grato a ti pela verdade que me deste por intermédio do Teu Filho, Jesus Cristo.

10 de DEZEMBRO

A tua benignidade, Senhor, chega até aos céus. SALMO 36:5

Os jovens falam muito sobre o amor. A maioria deles canta músicas de amor. "A suprema felicidade da vida", disse Victor Hugo, "é a certeza de que somos amados". "O amor é o primeiro requisito para a saúde mental", declarou Sigmund Freud. A Bíblia ensina que "Deus é amor" (1 JOÃO 4:8) e que Ele ama você. É de suma importância entender isso. Nada mais importa! E já que Deus o ama, Ele tem um plano maravilhoso para sua vida. E quem mais poderia planejar e guiar a sua vida tão bem?

Oração do dia
Ao saber que tu me amas, Deus Todo-Poderoso, meu coração confia em ti para guiar-me.

11 de DEZEMBRO

*Mas aquele que me negar diante
dos homens, também eu o negarei diante
de meu Pai...* MATEUS 10:33

O que é idolatria? Idolatria é tudo que se coloca entre nós e Deus. Josué disse ao povo que a nação seria destruída e sua alma sofreria a morte eterna se eles continuassem na idolatria. Ele disse: "Vocês precisam tomar uma decisão hoje; precisam escolher se vão servir aos ídolos desta vida ou ao Deus vivo." "Escolhei, hoje, a quem sirvais..." Josué afirmou, "...eu e a minha casa serviremos ao Senhor" (JOSUÉ 24:15). Mas e você? Sua decisão é a mesma que tomou Josué? Não importa o preço? O que estou pedindo é que você tome hoje a decisão de quem vai servir. Nossos familiares não podem escolher Jesus por nós. Nossos amigos também não podem fazer isso. Deus é Todo-Poderoso, mas nem Ele pode tomar a decisão por nós. Ele pode até ajudar, mas somos nós quem devemos decidir. A escolha é nossa, de mais ninguém!

Oração do dia
Senhor Jesus Cristo, tira todos os ídolos da minha vida a fim de que eu possa servir-te de todo o meu coração, meu Salvador.

12 de DEZEMBRO

*E o Senhor vos faça crescer e aumentar
no amor uns para com os outros e para com
todos.* 1 TESSALONICENSES 3:12

Um dos problemas psicológicos crescentes enfrentados atualmente é a solidão. E um dos maiores ministérios que alguém pode ter atualmente é ser apenas um bom ouvinte. Muitos desejam não somente ser amados, mas ter alguém que possa escutá-los. Se amarmos a Deus de todo o nosso coração, teremos a capacidade de amar o nosso semelhante. A maior necessidade que este mundo enfrenta hoje não é mais ciência, mais engenharia social, mais ensino, mais conhecimento, mais poder ou até mais pregação. A maior necessidade que temos hoje é *amor*. E a única maneira de o amor suprir essa necessidade é através de uma ação sobrenatural do Espírito Santo, que transforma vidas. O amor que recebemos de Deus não é comum como o que encontramos no mundo atualmente. E quando amamos nosso semelhante, não fazemos isso com um amor natural, pois é o amor de Deus que flui através de nós. Se você estiver disposto a amar assim, Deus lhe dará Seu amor.

Oração do dia
*Eu te amo, Jesus. Quantas vezes não dou muita
importância ao ato de amor imensurável que fizeste por
mim na cruz. Ajuda-me a manter meus olhos fixos em
ti para que eu possa alcançar meu semelhante através
do Teu sublime exemplo.*

13 de DEZEMBRO

Mas com misericórdia eterna me compadeço de ti, diz o Senhor, o teu Redentor. ISAÍAS 54:8

Se Deus é todo-poderoso e amoroso, não condiz com Sua natureza deixar que todos se percam. Aqui então começamos a buscar uma explicação lógica para entender a natureza de Deus. Algo que Deus não pode fazer é ir contra Suas leis ou contra Sua própria natureza. Deus é santo e não tolera pecado em Sua presença. Ele nos criou com liberdade para escolhermos como viveremos, mas nos convida a viver à Sua maneira. Somos livres para escolher nosso próprio caminho, mas teremos que arcar com as trágicas consequências que isso trará. Enchemos a boca para dizer: "Com certeza um Deus de amor não vai permitir que alguém que Ele ama se perca. Ele não vai deixar isso acontecer." Longe de permitir, Deus fez tudo o que pôde para evitar! E por falar em amor, "Deus amou ao mundo de tal maneira que deu o seu Filho unigênito...". Isso é uma boa notícia. Depois de tudo que Deus fez por nós por amor, não precisamos estar perdidos.

Oração do dia

Deus Todo-Poderoso, sinto o Teu amor sublime em minha vida por viver todos os dias pela graça do Teu Filho Jesus Cristo.

14 de DEZEMBRO

*Se pedirmos alguma coisa segundo
a sua vontade, ele nos ouve.* 1 JOÃO 5:14

Deus disse: "Se o meu povo [...] orar [...] eu ouvireis dos céus" (2 CRÔNICAS 7:14). Antes de 3.000 pessoas se juntarem à igreja no dia de Pentecostes, os discípulos passaram dez dias em oração, jejum e luta espiritual. O desejo de Deus é que os cristãos se importem e tenham um pesar no coração por este mundo decaído. Se orarmos assim, uma era de paz virá a esta Terra e as hordas da maldade terão que retroceder.

Oração do dia
Deus Todo-Poderoso, sensibiliza meu coração por aqueles que ainda não têm a Tua paz no viver.

15 de DEZEMBRO

*Ninguém despreze a tua mocidade;
pelo contrário, torna-te padrão
dos fiéis.* 1 TIMÓTEO 4:12

O escritor G. K. Chesterton disse certa vez: "Creio no arrependimento à cabeceira da cama, mas não quero depender disso." Quando uma pessoa está muito doente, sua mente não funciona direito. Devemos procurar ficar bem com Deus na flor da idade. Mas no que diz respeito ao Senhor: "Sua mão não está encolhida para que não possa salvar, nem surdo seu ouvido para que não possa ouvir" (ISAÍAS 59:1). Deus nos ama na saúde ou na doença, enquanto estamos vivos ou morrendo. Por experiência própria, eu nunca conheci alguém que aceitou Jesus no leito de morte. Quando alguém tem um encontro com Cristo na juventude, uma vida é salva. Quando isso acontece na velhice, uma alma é resgatada e a vida eterna é assegurada, embora se tenha perdido a chance de viver aqui com o Senhor.

Oração do dia

Senhor Deus, coloca no meu coração o desejo para que eu possa alcançar os jovens que estão começando a aventura da vida, assim como os idosos que estão chegando ao fim da jornada. Usa-me para pregar a eles Tua mensagem de amor e salvação.

16 de DEZEMBRO

*A nossa esperança a respeito
de vós está firme, sabendo que, como sois
participantes dos sofrimentos, assim
o sereis da consolação.* 2 CORÍNTIOS 1:7

Há uma pergunta tão antiga quanto o próprio tempo: "Por que os justos têm que sofrer?" E só há um lugar onde podemos encontrar a resposta: na Bíblia. Você não precisa estudar muito a Palavra de Deus para aprender por que os pecadores passam por tantas necessidades e aflições. Eles estão afastados de Deus e seus pecados são a causa do seu sofrimento. Mas por que os cristãos sofrem? A Bíblia ensina que muitos cristãos sofrem para que possam ter comunhão com outros que passam por aflição. Somente os que conhecem a dor e o sofrimento é que podem ter comunhão com aqueles que sofrem. A Palavra de Deus também ensina que os cristãos sofrem para glorificar o nome de Deus em suas vidas. Além disso, ensina também que seu sofrimento é para que o Senhor possa ensinar-lhes lições valiosas sobre a oração. Do mesmo modo, os cristãos sofrem para que Deus possa trazê-los ao arrependimento.

Oração do dia
*Como Teu consolo é suave, Senhor! Como é amorosa a
Tua disciplina.*

17 de DEZEMBRO

O ódio excita contendas, mas o amor cobre todas as transgressões. PROVÉRBIOS 10:12

Odiar, discriminar quem parece diferente, que fala de um jeito diferente, que é de nacionalidade diferente ou age de modo diferente dos grupos dominantes é um traço universal da natureza humana. Costumo dizer que só há uma solução para isso: se todas as raças tiverem uma experiência transformadora com Cristo. Em Jesus, diz a Bíblia, o muro da separação vem abaixo e não há mais judeu ou gentio, negro ou branco, ruivo ou pardo. Temos todas as condições de sermos uma grande irmandade em Cristo. Mas se não o reconhecermos como o Príncipe da Paz e recebermos Seu amor em nosso coração, a tensão racial que há entre nós só aumentará.

Oração do dia
Senhor Jesus, oro para que o Teu amor acabe com todo o ódio e preconceito quando essa transgressão hedionda tentar invadir meu coração.

18 de DEZEMBRO

*Se alguém não nascer de novo, não pode
ver o reino de Deus.* JOÃO 3:3

Ninguém pode ser salvo pela emoção ou por uma experiência mística, mas somente crendo na obra que Jesus concluiu na cruz. Mas você pode dizer: "E o sentimento? Não há lugar para o sentimento na fé salvadora?" Claro que sim! Só que não somos salvos por este sentimento. Todo sentimento que tivermos deve ser resultado da fé salvadora, mas este sentimento jamais pode salvar uma alma sequer. O amor é um sentimento, assim como a alegria, a paz interior, o amor que temos pelas pessoas e a preocupação com os que estão perdidos. Só que estes sentimentos não resultam em conversão. Crer em Jesus é a única experiência que você pode desejar e buscar.

Oração do dia
*Senhor, obrigado pela dádiva da redenção, que não
é inconstante como os meus sentimentos.*

19 de DEZEMBRO

Bem-aventurado o homem a quem o Senhor jamais imputará pecado. ROMANOS 4:8

Alguns anos atrás, fui parado por dirigir numa velocidade acima do limite, e no tribunal me declarei culpado. O juiz não apenas foi muito simpático, mas também ficou constrangido por eu ter sido levado ao seu tribunal. No fim, levei uma multa de dez dólares. Se eu tivesse sido liberado sem ter que pagar nada, teria sido incompatível com a justiça. Todos têm que pagar a pena, inclusive eu! Mas o julgamento deve ser aplicado com amor. Um Deus de amor tem que ser um Deus de justiça também. E é justamente por nos amar que Ele é justo. Sua justiça é que traz equilíbrio ao Seu amor e faz que tanto Seus atos de amor como de justiça sejam relevantes. O Pai não poderia amar o homem de modo consistente se não instituísse um juízo para os que praticam a maldade. A separação para si dos justos e o castigo dos malfeitores é a maior expressão do amor de Deus. Devemos sempre olhar para a cruz pelo contexto sombrio do juízo. Foi porque o amor de Deus pela humanidade era tão intenso que Ele deu Seu Filho para que o homem não tivesse que enfrentar o julgamento.

Oração do dia

Deus Todo-Poderoso, tu és o supremo Juiz. Sou-te grato porque apesar de eu não merecer o perdão, Teu amado Filho Jesus Cristo pagou o preço pela minha condenação.

20 de DEZEMBRO

Pois estava animado com o meu zelo.
NÚMEROS 25:11

É estranho que o mundo aceite o entusiasmo em todos os domínios, menos o espiritual. As pessoas aceitam muito bem e até gostam de bastante emoção e entusiasmo, mas quando isso diz respeito ao fervor religioso, elas começam logo a desconfiar. Quando você toma a grande e gloriosa decisão de abnegar de tudo para se dedicar ao Senhor Jesus Cristo, as pessoas mais chegadas acham que está ficando louco, que "foi longe demais" por causa da religião. Toda a história da obra missionária está repleta de nomes como William Carey, Hudson Taylor, John Paton, David Livingstone, dentre outros que foram considerados loucos por sua geração. A dedicação destes homens estava além da compreensão daqueles que amavam a comodidade e as facilidades da vida contemporânea. Ainda assim, quem é que na verdade estava louco? Não eram os acomodados, os egocêntricos e presunçosos que eram tão egoístas que se cansavam com seu próprio comodismo, com seus deleites e até consigo mesmos?

Oração do dia
Que eu venha deixar tudo e dedicar minha vida novamente a ti, Senhor Jesus.

21 de DEZEMBRO

*Feliz o homem constante no temor
de Deus; mas o que endurece o coração cairá
no mal.* PROVÉRBIOS 28:14

Todos os cristãos creem em Deus, mas muitos têm pouco tempo para Ele. Estão muito ocupados com as tarefas do dia a dia para se dedicar à leitura bíblica, à oração, para se preocupar com o seu semelhante. Muitos deles perderam aquele espírito de dedicação do discipulado. Se você perguntar se eles são cristãos, é bem provável que digam: "Eu acho que sim", ou "espero que sim". Eles podem até ir à igreja na Páscoa, no Natal ou numa outra ocasião especial, mas, caso contrário, têm pouco tempo para Deus. Estão tão ocupados que não têm lugar para Deus na sua vida. A Bíblia adverte que não se deve ser negligente com a própria alma. É possível endurecer o seu coração e murchar a sua alma, até perder o apetite pelas coisas de Deus. Esta fome, então, que você deveria ter é um desejo de estar sempre bem com Deus. É a consciência de que tudo que fizer para ter paz de coração, sem Ele, será em vão.

Oração do dia
Hoje eu tenho fome de conhecer mais de ti, Senhor.

22 de DEZEMBRO

*Aquele que não poupou o seu
próprio Filho, antes, por todos nós o entregou,
porventura, não nos dará graciosamente
com ele todas as coisas?* ROMANOS 8:32

Deus é quem concede toda dádiva. E a propensão para doar geralmente determina o valor da dádiva. Não é comum vermos uma pessoa como uma dádiva, mas na verdade as relações interpessoais são as dádivas mais valiosas e estimadas que existem. E a Bíblia ensina que Deus deu uma Pessoa como uma dádiva a todos nós, e que esta Pessoa é Jesus Cristo. Certo dia um menino de 6 anos foi atender a porta. Era seu pai, que havia voltado do sudeste da Ásia. Mas o menino não perguntou: "Pai, o que o senhor trouxe para mim?" Ele pulou no seu pescoço e disse: "Ah, papai, este é o melhor presente de Natal que eu já recebi!"

Oração do dia
Pai, este presente caro que é Jesus sacia todos os desejos e anseios do meu coração.

23 de DEZEMBRO

*Porque um menino nos nasceu [...] e o seu nome
será: Maravilhoso Conselheiro, Deus Forte,
Pai da Eternidade, Príncipe da Paz.* ISAÍAS 9:6

Para os cristãos, a alegria do Natal não se limita ao nascimento de Jesus. Ela se baseia mais na vitória da Sua morte e ressurreição, que trouxe sentido ao Seu nascimento. O misterioso espírito de generosidade que toma conta de nós no Natal é o brilho remanescente do Calvário. O fato é que a cruz ilumina este dia e o santifica. Quando formos trocar presentes nesta data, que nos lembremos que eles são o símbolo do dom inefável do amor de Deus. Não acredito que os cristãos deveriam dar presentes caros uns aos outros. Devemos em silêncio dar pequenos presentes simples que são expressão do nosso amor e devoção a quem os recebe. Esses presentes se tornam símbolos do presente do amor de Deus. Quanto dinheiro poderia ser economizado e investido no reino de Deus por milhares de famílias cristãs todo ano se o verdadeiro sentido do Natal fosse seguido.

Oração do dia
Amado Deus, vejo Teu infinito amor alcançando toda a humanidade por meio deste presente que é Jesus. Como eu te louvo e te adoro, Pai celestial!

24 de DEZEMBRO

*Vindo, porém, a plenitude do tempo,
Deus enviou Seu Filho...* GÁLATAS 4:4

O Natal não é um mito, muito menos uma tradição ou um sonho. É uma realidade gloriosa, um tempo de alegria. A manjedoura em Belém é o elo que une o mundo perdido ao Deus de amor. Daquela manjedoura veio um Homem que não apenas nos ensinou um novo estilo de vida, mas também nos levou a ter um novo relacionamento com o nosso Criador. O Natal significa que Deus se interessa pelas questões humanas, que Ele nos ama tanto que nos deu Seu Filho.

Oração do dia

Senhor Jesus, ao trazer à memória o Teu nascimento naquele humilde estábulo, peço-te que purifiques meu coração para que seja um presente santo a ti.

25 de DEZEMBRO

*E, subitamente, apareceu com o anjo
uma multidão da milícia celestial,
louvando a Deus...* LUCAS 2:13

Quando dissermos para nossos amigos nesta época do ano, "Feliz Natal", é essencial entendermos que só teremos a verdadeira felicidade no coração se reconhecermos a realidade de que Cristo nasceu em Belém para nos salvar. A palavra *feliz* na língua inglesa deriva de um termo anglo-saxão que em certas ocasiões significa "famoso", "ilustre", "grandioso" ou "poderoso". Originalmente, ser feliz não significa apenas ser alegre, mas forte e corajoso. Foi neste sentido que soldados corajosos foram chamados de "homens felizes". Ventos suaves são chamados de "brisa feliz". Herbert Spencer se refere à capital da Inglaterra como a "feliz Londres". A palavra *feliz* também carrega em si o sentido de "poderoso" e "jovial", e é usada de ambas as formas nas Escrituras. Um dos primeiros hinos cristãos de Natal foi "Que Deus os faça felizes no Natal, cavalheiros" (tradução livre). O cristão deve sentir uma alegria espiritual ao se lembrar que, por meio da redenção, se tornou um filho de Deus e agora faz parte da Sua família. A Bíblia diz que os anjos ficaram felizes com o nascimento de Jesus.

Oração do dia
Amado Senhor, meu coração se alegra de verdade neste Natal por me lembrares do Teu nascimento. Celebro com os anjos e bendigo o Teu santo nome.

26 de DEZEMBRO

*Bendito o homem que confia
no Senhor e cuja esperança
é o Senhor.* JEREMIAS 17:7

As Escrituras preveem que um novo dia está chegando. Haverá uma era dourada de prosperidade quando todos os nefastos problemas religiosos, sociais e políticos serão resolvidos de uma vez por todas. Será um tempo maravilhoso para este mundo caótico. A Bíblia nos diz, no entanto, que essa era dourada que virá não será trazida pelo homem. O homem por si mesmo não pode fazer isso porque a imperfeição da natureza humana é grande demais. O ser humano não tem capacidade de consertar este planeta danificado. Deus é a nossa única esperança! Ele já preparou todos os Seus planos, e eles estão perfeitamente detalhados na Bíblia.

Oração do dia
*Toda a minha esperança e os meus planos eu deposito
aos Teus pés, Senhor Jesus.*

27 de DEZEMBRO

*O Senhor abençoa com paz
ao seu povo.* SALMO 29:11

Como podemos encontrar a paz com Deus? Parando de lutar com Ele! Temos que nos render e servir ao Senhor! Mas é claro que estes passos têm que ser cheios de amor e motivados pela fé. Depois que encontrarmos a paz *com* Deus, teremos a paz *de* Deus. E esta paz *de* Deus não é uma mera ilusão defendida por pregadores e teólogos. Milhares de pessoas podem testemunhar que já experimentaram a paz de Deus e que ela se revelou maravilhosamente adequada aos dias de hoje. "Porque ele é a nossa paz" (EFÉSIOS 2:14).

Oração do dia
Pai, obrigado pela paz que tu me concedes e que não depende de sentimentos ou das circunstâncias.

28 de DEZEMBRO

*Anunciando-lhes o evangelho da paz,
por meio de Jesus Cristo.* ATOS 10:36

Não seria formidável se pudéssemos encontrar uma cura definitiva para os problemas da natureza humana? Vamos supor que pudéssemos dar uma injeção no braço de todo ser humano e fazer que as pessoas fossem cheias de amor ao invés de ódio, cheias de satisfação ao invés de ganância. Vamos supor também que houvesse uma cura para os erros, falhas e pecados cometidos pela humanidade. Suponhamos que por um milagre todo o passado pudesse ser consertado, toda confusão da vida pudesse ser resolvida e todos os laços que foram cortados ao longo do caminho pudessem ser refeitos. Mas a notícia mais extraordinária de todo o mundo é que existe uma cura. Deus já preparou um remédio. O pecado, o caos e as decepções da vida podem ser substituídos pela justiça, a alegria, a satisfação e a felicidade. Uma paz pode ser transmitida à alma que não depende de circunstâncias externas.

Oração do dia
*Sou totalmente dependente de ti, Senhor Jesus.
Que eu leve Tua palavra de amor e paz às almas
necessitadas e aflitas que eu encontrar.*

29 de DEZEMBRO

*Também todas as dízimas da terra [...]
são do Senhor...* LEVÍTICO 27:30

Devemos ser mordomos do nosso dinheiro. E quando o doamos e investimos para a glória de Deus, ele pode ser um benefício, uma bênção. Conheço um empresário em Detroit, Michigan, que fez uma promessa a Deus que daria o dízimo de toda a sua renda para a Sua obra. Ele me disse que Deus então triplicou seu negócio e cumpriu mais do que ele esperava no acordo. Algum tempo atrás, um trabalhador do Vale de San Joaquin, na Califórnia, me disse que ele e sua esposa concordaram em dar um décimo da sua renda ao Senhor. E na época em que tomaram esta decisão, ele conseguia trabalhar apenas cerca de sete meses ao ano. Mas ele me disse que depois arrumou um emprego fixo e estava ganhando duas vezes mais do que antes. Não podemos fugir disso; a Bíblia promete bênçãos materiais e espirituais para aquele que dá ao Senhor. Temos que dar a Deus o que pertence a Ele. Eu o desafio a fazer isso e ver o que acontece.

Oração do dia
Perdoa-me, Senhor, por todas as vezes que eu quis reter o que é Teu por direito.

30 de DEZEMBRO

*Estes, porém, foram registrados
para que creiais que Jesus é o Cristo,
o Filho de Deus.* JOÃO 20:31

Deus fez que a Bíblia fosse escrita com o propósito de nos revelar o Seu plano da redenção. Ele fez que este Livro fosse escrito para que Seus filhos entendessem muito bem Suas leis eternas, para guiá-los através da Sua grande sabedoria e confortá-los com Seu imenso amor ao longo da vida. Este mundo seria na verdade um lugar sombrio e apavorante sem a Palavra de Deus, ficaria sem sinalização ou farol. Sem sombra de dúvida, a Bíblia é o único livro que contém a revelação de Deus. Há diversas "bíblias", de diversas religiões. Há o Corão de Maomé, o Cânon das sagradas escrituras budistas, a Avesta de Zoroastro, os Vedas de Brahma. Todos eles começam com um lampejo da verdade absoluta, mas no fim acabam em total escuridão. Até o observador menos atento logo descobrirá que a Bíblia é completamente diferente. É o único que livro que nos oferece redenção e nos mostra a solução para os nossos dilemas.

Oração do dia
Senhor Jesus, ao ler a Tua Palavra, Tua verdade brilha e ilumina este mundo sombrio.

31 de DEZEMBRO

*E nós conhecemos e cremos no amor
que Deus tem por nós...* 1 JOÃO 4:16

Nunca questione o grande amor de Deus, pois é uma parte tão imutável do Senhor quanto a Sua santidade. Se não fosse pelo amor de Deus, nenhum de nós teria a mínima chance de ter uma vida no futuro. Mas Deus é amor! E Seu amor é eterno. As promessas de que Ele nos dará Seu amor e Seu perdão são tão reais, verdadeiras e concretas como as palavras humanas podem expressá-las. Contudo, ninguém pode entender a magnífica beleza do oceano até que a veja; o mesmo ocorre com o amor de Deus. Ninguém pode descrever como é maravilhosa a Sua paz, até que, de fato, a tenha no coração.

Oração do dia
Sim, Deus Todo-Poderoso, eu sinto o consolo que Teu amor me traz!

CONHEÇA OUTROS LIVROS DA SÉRIE

Dia a dia com

DIA A DIA COM SPURGEON

Contém 732 meditações que foram escritas no século 19 por Charles H. Spurgeon, conhecido como o "príncipe dos pregadores". Os textos abordam temas como: expiação, eleição, santificação, intimidade com Cristo, vida de oração, e perseverança nas provações.

DIA A DIA COM A. W. TOZER

Este belíssimo devocional apresenta 366 excertos de sermões, livros e artigos produzidos por A. W. Tozer. Suas palavras, escritas e faladas, concentram-se totalmente em Deus, por isso apresentam diversos temas inerentes à vida cristã, com profundidade e sabedoria.

DIA A DIA COM CORRIE TEN BOOM

Coletânea de 366 meditações baseadas no aprendizado de Corrie em seu relacionamento com Deus. Nele, compartilha sobre o ministrar do Senhor ao seu coração no período mais tenebroso de sua história e também durante os anos de ministério depois do campo de concentração nazista.

www.publicacoespaodiario.com.br